福島
インサイド
ストーリー

役場職員が見た
原発避難と震災復興

今井　照・自治体政策研究会　編著

公人の友社

目　次

はじめに

本書は原発避難と震災復興について、当事者の一員であった役場職員による証言録である。５年を経過して初めて語ることができることもあれば、６年を過ぎてしまうと語れなくなってしまうこともある。そういう意味で、引き続き日本各地で起きることが予想されている大災害に備えるためばかりではなく、これからの地域づくりや自治体再建のために、一級の歴史資料としての価値があると確信している。

本書の刊行は、長年福島市街で続けられてきた自主的な研究グループ「**自治体政策研究会**[1]」に集うメンバーの発案による。自治体政策研究会は、その源を１９９５年３月11日に発足した「自治体職員学習会」に持つ。その後、２００２年の秋に、同年６月11日から開始された福島大学大学院の自治体政策研究会と合流し、今日までほぼ月１回のペースで開催されてきた。この会にはメンバーシップもなければ、会費もない。つまり何らかの活動主体でもなければ運動主体でもない。毎月、誰に強制されることもなく、集まりたい人たちだけが集まって20年余り続いてきたということになる。

おそらく本書は、この研究会にとって最初で最後の成果物になる。それだけ東日本大震災と東京電力福島第一原子力発電所事故のインパクトが大きかったということを意味しているのかもしれない。

1 開催記録については、自治体政策研究会のホームページ参照。http://www2u.biglobe.ne.jp/~t-satoh/

■自治体（役場）避難の経過（避難区域の推移を含む）

本書に掲載される役場職員の証言録の理解を助けるために、東日本大震災と東京電力福島第一原子力発電所事故発生直後に関係自治体と住民がどのように行動したのか ということを簡単にまとめておきたい。

福島第一原発の事故に伴う国からの**避難指示**[2]は**図表0―1**のように出された。ただし、各章で語られているとおり、これらの指示はごく一部の例外を除いて、当該市町村に直接は伝達されていない。国や県庁からの情報がほとんどないままに、双葉郡8町村では独自に避難指示を決断し、住民の避難誘導を行った。その意味するところは第5章で触れている。4月22日時点での避難区域を地図に落とすと**図表0―2**のとおりとなる。

図表0-1　国の避難指示と該当市町村

月日	時刻	国の避難指示	該当市町村
3月11日	21時23分	福島第一から3キロ避難指示、3～10キロ屋内退避指示	南相馬市・浪江町・双葉町・大熊町・富岡町のいずれも一部
3月12日	5時44分	福島第一から10キロ避難指示	双葉町・大熊町・富岡町の全域と南相馬市・田村市・浪江町・楢葉町・広野町・葛尾村・川内村のいずれも一部
	7時45分	福島第二から3キロ避難指示、3～10キロ屋内退避指示	
	17時39分	福島第二から10キロ避難指示	

2　事故直後の詳細な時系列表については『福島原発事故タイムライン 2011-2012』（岩波書店、２０１３）、原発避難の全体像については『原発避難白書』（人文書院、２０１５）、事故そのものの全体像については『検証福島第一原発事故』（七つ森書館、２０１６）参照。

	18時25分	福島第一から20キロ避難指示	
3月15日	11時00分	福島第一から20～30キロ屋内退避指示	南相馬市・田村市・いわき市・浪江町・楢葉町・広野町・葛尾村・川内村・飯舘村のいずれも一部
4月21日		福島第二から8～10キロ避難指示解除	楢葉町・広野町のいずれも一部
4月22日	0時00分	警戒区域設定（福島第一から20キロ）	浪江町・双葉町・大熊町・富岡町・飯舘村の全域と南相馬市・田村市・楢葉町・川内村・川俣町の一部
	同	計画的避難区域を設定	

■役場も避難

事故直後に全域避難を決断した双葉郡8町村とその後全域避難を強いられた飯舘村は、当然のことながら住民だけではなく役場も避難することになった。その経過は**図表0―3**のとおりである。これを地図上に落とすと**図表0―4**のようになる。福島県の面積は関東地方で比較すると、東京都、神奈川県、埼玉県、千葉県の1都3県に匹敵するくらい広いので、同一県内の移動と言ってもその距離感は半端ない。住民にとっても役場にとっても、それまでほとんど行き来がなく、かつ土地柄や風土も異なる地域に避難することの困難さは想像以上と言える。さらに双葉町のように埼玉県まで役場が避難したところもあった。

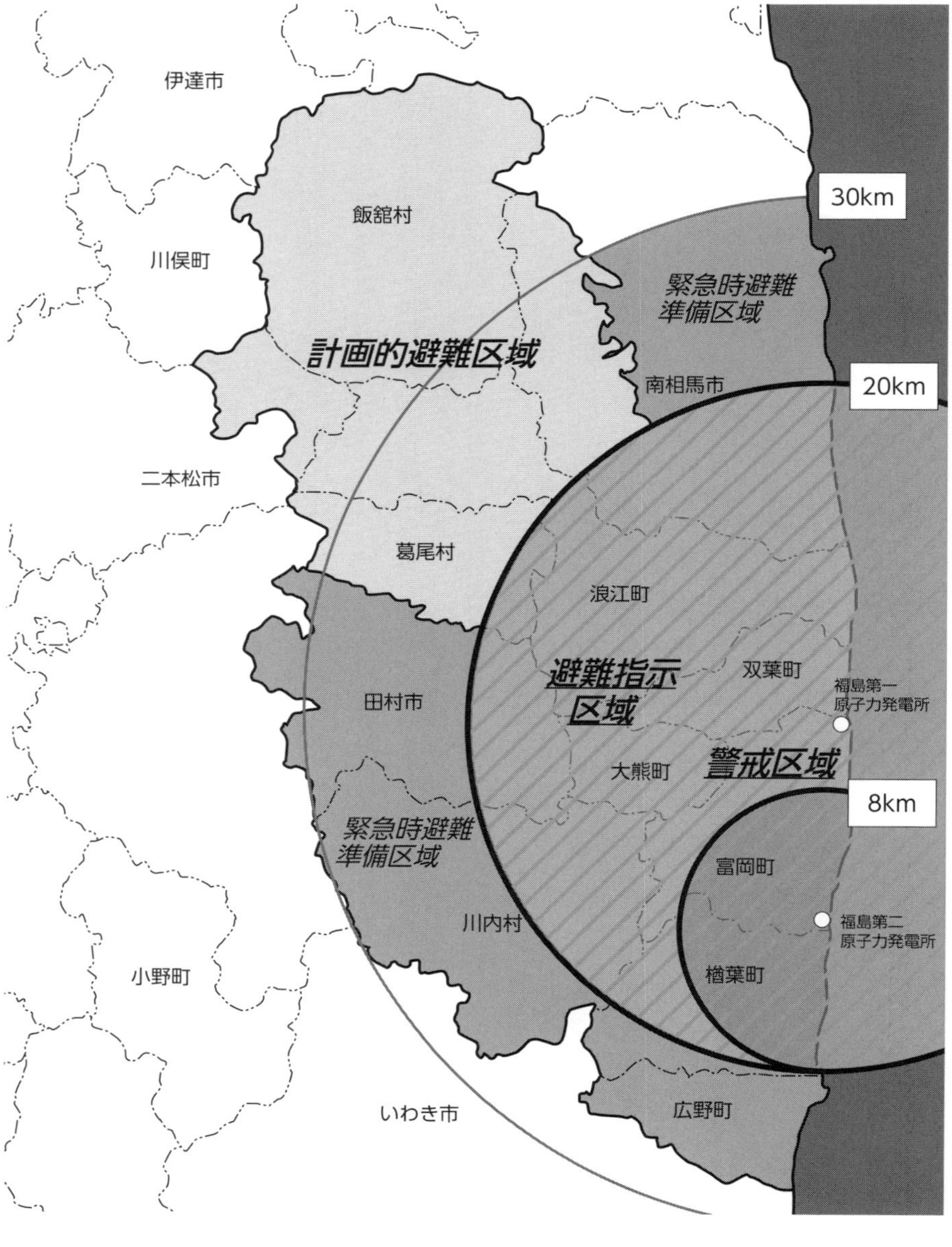

図表 0-2　東京電力福島第一原子力発電所周辺（2011 年 4 月 22 日時点の避難区域設定）

［出所］福島県庁ホームページ

第4章で詳述されているように、福島県内では原発避難自治体を除いても、郡山市役所、須賀川市役所、国見町役場、川俣町役場の庁舎が地震によって損壊し、使用が不可能となった。郡山市役所では建物の一部崩落による死者も出している。遺体は1か月後に発見された。これらの庁舎のうち郡山市役所は改修と耐震補強をした上で2013年4月に執務が再開されたが、その他の庁舎は建て直しを余儀なくされている。福島県庁の上層階も地震によって損壊し、県庁舎内に災害対策本部を設置することができなくなり、隣接する自治会館に設置せざるを得なかった。このことで一時的に市町村との連絡に支障を生じ、初動期の混乱を招いた。

■本書の構成

本書の第1章は富岡町役場職員による

図表0-3　役場の避難（移転）経緯

	移転先
広野町役場	→3/15 小野町（体育館）→4/15 いわき市（工場社屋）→2012/3/1 帰還
楢葉町役場	→3/12 いわき市（中央台）→3/25 会津美里町（本郷庁舎）→12/20 会津美里町（会社社屋跡）→2012/1/17 いわき市（いわき明星大学）→2015/7/17 帰還
富岡町役場	→3/12 川内村→3/16 郡山市（ビッグパレット）→12/20 郡山市（大槻町）
川内村役場	→3/16 郡山市（ビッグパレット）→2012/4/1 帰還
大熊町役場	→3/12 田村市（体育館）→4/3 会津若松市（第2庁舎）
双葉町役場	→3/12 川俣町→3/19 さいたま市（スーパーアリーナ）→3/31 加須市（旧高校）→2013/6/17 いわき市（東田町）
浪江町役場	→3/12 津島支所→3/15 二本松市（東和支所）→5/23 二本松市（共生センター）→2012/10/1 二本松市（平石高田）
葛尾村役場	→3/14 福島市（あづま総合体育館）→3/15 会津坂下町（川西公民館）→4/21 会津坂下町（法務局庁舎跡）→7/1 三春町（三春の里）→2013/4/30 三春町（貝山）→2016/4/1 帰還
飯舘村役場	→6/22 福島市（飯野支所）→2016/7/1 帰還

〔出所〕各報道などから筆者作成

原発避難当時の生々しい記録である。富岡町は福島第二原発の立地自治体であった。

第2章は南相馬市職員による当時の役場や避難者の混乱を記した手記となる。南相馬市は当初、避難指示区域、屋内退避区域、いずれの指示もない区域の3つに分かれた。

第3章は福島第二原発立地自治体である楢葉町からの避難を受け入れた会津美里町職員による自治体連携の分析である。どのようにして自治体を越えた広域避難が成立したのかという教訓が得られる。

第4章は地震によって庁舎が全壊した国見町職員の体験記である。住民対応をしながら情報システムや役場機能の

図表 0-4　役場の避難（移転）経緯図

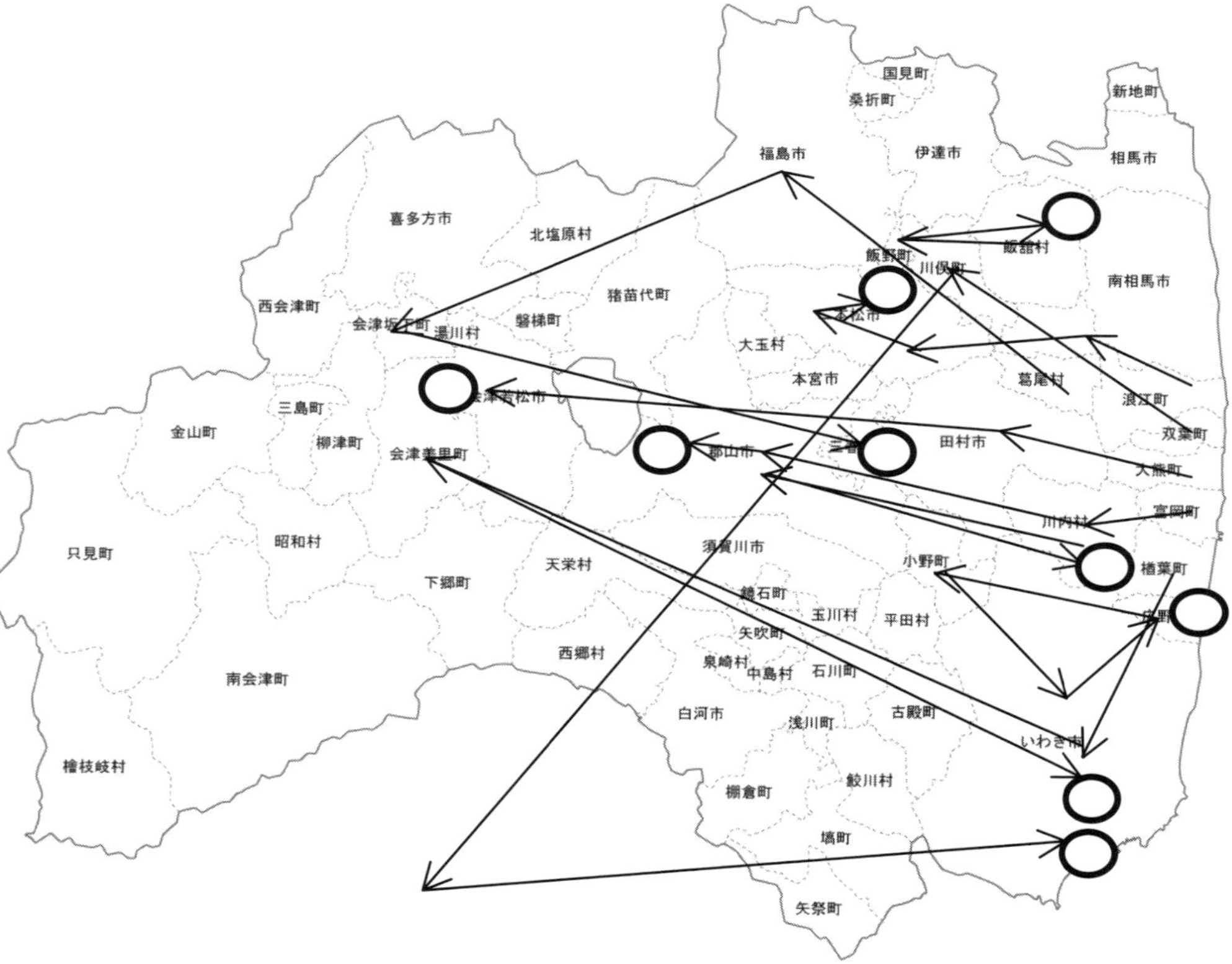

〔出所〕各報道などから筆者作成

再建を進めた職員やその協力者たちの奮闘がよくわかる。いずれの章からも豊かな教訓と課題を読み取ることができるだろう。

最後に第5章として、データから見た原発被災地自治体の現状と今後の課題を整理した。

本書は自治体の行政組織という視点から原発事故を含む緊急対応のあり方について課題のありかを示したものであり、他に類書は存在しないと考えている。原発避難と震災復興については、この他にも重要なテーマとして被災者の生活再建や被災地域の復興というテーマがある。執筆者や編著者が関わってきた**他の本**[3]とも合わせて、ぜひ本書が多くのみなさんの手に届き、今後は同じ過ちが繰り返されないように、これからの地域社会づくりと自治体再建への一助となることを期待したい。

２０１６年11月

今井　照（福島大学）

3　今井照（２０１４）『自治体再建—原発避難と「移動する村」』筑摩書房、山下祐介・金井利之（２０１５）『地方創生の正体—なぜ地域政策は失敗するのか』筑摩書房、戸田典樹編著（２０１６）『福島原発事故漂流する自主避難者たち』明石書店、金井利之・今井照編著（近刊）『（仮）原発被災地の復興シナリオ・プランニング』公人の友社。

第1章

原発避難のリアル

菅野　利行（富岡町）

1　2011年3月11日（金）

■富岡町の概要

富岡町は福島県の海側にあり、面積68平方キロでそんなに大きな町ではありません。人口は約1万6000人でした。1955年（昭和30年）に元の富岡町と双葉町が合併してできた。今も双葉町という自治体がありますが、それは当時の標葉町という別の町で、もともとの双葉町は今の富岡町の西半分です。同じ名前でも旧の双葉町と今の双葉町では違う。震災時の職員数は全体で150人程度、一般行政部門に限ると110人くらいでした。

私は震災当時、富岡町役場総務課の課長補佐です。総務課に8年いた。一方、上司である総務課長は毎年のように替わる。当時の課長は技術職で、何かというと「おまえに任せるから」というところがありました。震災のときも、最後は「全権与えるから」とまで言われていた。

震災が起きると役場は通常の組織体制から災害対策本部の班体制に移行します[1]。富岡町では消防団を所管している生活環境課というところが災害対策本部を運営することになりますが、人事や予算は総務課が持っているので、結局総務課が災害対策本部の実権を握るような形になる。当時の総務課長が「対外的には自分が前面に立つけど、内部

1　すべての市町村には防災計画が策定されていて、災害が発生するなど必要な場合には市町村長を本部長とする災害対策本部が設置される（災害対策基本法第23条の2）。
災害対策本部が設置されると役所の組織はあらかじめ定められている災害対策本部の組織に移行する。たとえば、市民課には食料確保の仕事が割り振られるなど、通常の業務とは別の任務をそれぞれの組織が担当することになる。

は全部やってくれ」と言ってくれたので、私は課長補佐だったのですが、幅広く災害対応の業務をやらせてもらっていました。

２０１１年３月11日の経緯（富岡町）

14時46分　Ｍ９・０、震度６強の地震発生
14時49分　大津波警報発令
14時50分　富岡町災害対策本部設置
15時22分　津波第１波
15時27分　福島第一原発原子炉建屋冠水
15時42分　福島第一原発全交流電源喪失（原災法第10条通報）
16時45分　福島第一原発非常用炉心冷却装置注水不能（原災法第５条通報）
21時23分　福島第一原発から半径３キロ避難指示、半径10キロ屋内退避指示

■震度６強

２０１１年３月11日14時46分、富岡町は震度６強でした。津波の高さは最高で21・６メートル。福島県内では一番高い。北からと南からの津波がぶつかって、せり上がって崖をかけのぼってそこが21・６メートルありました。ただ海岸の方はあまり人が住んでないということと、昼間だったので人がいなかったし、火災もなかったので、津波被災地としては犠牲者が少なかったのですが、それでも26人の方が亡くなりました。その後の**震災関連死**[2]と呼ばれている方は３３９人（２０１６年３月末日現在）です。

２　震災関連死について復興庁は、「東日本大震災による負傷の悪化等により亡くなられた方で、災害弔慰金の支給等に関する法律に基づき、当該災害弔慰金の支給対象となった方」と定義している（実際には支給されていない方も含む）。

２０１６年３月末日現在、全国で３４７２人で、福島内はその内、２０３８人と６割を占める。原発災害による長期・広域・大量避難のために、犠牲者が増えている。

地震の時、私は町役場の隣にある「学びの森」という複合施設の2階で会議中でした。**緊急地震速報**[3]が鳴ったので、「これ宮城沖地震かな？」と言い合っていました。机が動いて、いったりきたりするんですよ。感覚的には10分くらい揺れ続けていましたが、あとで振り返るとそれほどの時間ではなかった。「学びの森」は全面ガラス張りの施設なので、ガラスが落ちるのではないかと思いました。

揺れが収まって、隣の役場に戻りました。災害対策本部は役場の2階の正庁という一番大きな部屋に置くことになっていたのですが、当時、正庁を確定申告の会場にしてい

3　携帯電話事業者が、気象庁の配信する緊急地震速報、津波警報、噴火に関する特別警報などを、特定エリア内の携帯電話にメールで配信するサービス。

写真 1-1　地震で陥没した国道６号線（福島第二原発入口付近）

真 1-2　ガラスや天井がプールに落下したリフレ富岡温泉、プール、宿泊ができる町営の健康増進施設）内部

たので使えない。そこで、とりあえず小会議室に集まろうということになりました。みんなが集まったのがたぶん14時55分過ぎです。46分に地震ですから10分足らずです。

行ってみたら15時30分に津波が来ると既に黒板に書き出してあった。これはまずいということで、とにかく**防災行政無線**[4]を鳴らせと。職員は山と海の方に分けて、海に行く班は津波が来る予定の5分前、つまり15時25分前には絶対撤退しろという指示を出しました。そのとき総務課長も災害対策本部所管の生活環境課長もいない。係長もいないんです。そういう状況で指示を出していました。

いまから考えると笑い話かもしれませんが、「町長、看板どうしますか」なんて言う課長がいました。「災害対策本部」という看板のことです。先輩でしたが、「あんた、それどころじゃないでしょ」と言ったことを覚えています。

■訓練は役立たなかった

津波の訓練は2回くらいやっていました。しかし、結果的には多くの住民が亡くなってしまった。1波、2波、3波と3回くらい大きい津波が断続的に来ました。海辺の橋のところで避難誘導していた警察官も亡くなってます。そのパトカーはいま**震災遺構**[5]として保存しています。津波に巻き込まれ九死に一生を得た職員もいます。

道路や橋が落ちたり、水道や下水管がつぶれて陥没していたり、液状化でマンホールが飛び出ていて自動車が走りにくくなっていて、避難の周知や誘導にも支障がありました。塀はほとんど倒れました。不思議なことに築20年か30年の建物が一番やられた。鉄筋コンクリート造の建物よりは鉄骨造の建物の方が被害が大きい。一方、うちは大正6

4　市町村が県庁を通じて防災情報を収集し、また、住民に対して防災情報を周知するために整備しているネットワーク。

住民には屋外スピーカーや戸別受信機を通じて、災害状況や避難指示などの連絡をする。多くの市町村で整備されているが、未整備の市町村もある。

5　次世代に向けて震災が起きたという記憶や教訓のために保存しておく建物などのこと。各地で、保存するべきという意見と被災者の心情に配慮して解体したほうがよいという意見とがぶつかっている。

年に建てた70坪くらいの家で、玉石を基礎にしてその上に建物がのっかっている構造なのですが、残りました。

　地震で富岡町は役場を含めて電気が止まりました。役場にはこういうときに備えて**非常用の発電設備**[6]があるのですが、「ボルトが外れて動かない」と管財担当が言う。後でよく見ると、点検に出す寸前だったので、本当に地震で動かなくなったのか、不具合があって動かなかったのかはわかりません。電話や電気がだめということで役場が使えず、役場の隣にある「学びの森」という複合施設に災害対策本部を移します。歩いて5分程度のところにある建物で、地震の瞬間に私が会議をしていたところです。

　ところが、生活環境課が

6　災害時の停電などに備えて、「ディーゼル」や「ガスタービン」などで発電をする設備。

写真 1-3　富岡川を遡上する津波

写真 1-4　ＪＲ富岡駅。手前に駅舎があったが津波で流された（2011 年 11 月 7 日撮影）

災害対策本部の事務局になっていたので、県庁との行政防災無線の機器類やＦＡＸなどがみんな役場の生活環境課のところにある。だから、災害対策本部が２つあるような形です。内線もだめで、もちろん携帯電話もつながらない。そこで、伝令を走らせて連絡をやり取りするというような状況でした。

■津波・地震避難

地震があったときすぐに役場で水を汲ませました。たまたまポリバケツが40個くらいあったので、全部汲めと。それが最初の炊き出しに使えました。前年に新型インフルエンザ騒ぎがあり、それに備えた計画を作れということだったので、全部で３０００人から４０００人分くらいの食料品のストックがあった。それが最初の避難所運営に役立ちました。

津波と地震の避難所は海側の公共施設ではもちろんだめだし、総合体育館は吊り物が落ちていて危険。内陸の方の小学校、中学校、公共施設、富岡高校とか、行政区の集会場にどんどん広がり、次々と避難者が入ってきます。町民のだいたい半分くらいが避難所に入って、あとの半分くらいが自宅、つまり車の中で過ごしていた。

寒い夜でした。車で待機している人は一晩中テレビを付けたり、暖房をとっているので、次の日、原発状況の悪化による避難をする段階になってガソリンが少なくなってし

写真 1-5　富岡駅前における防護服を着用しての捜索活動（2011 年 4 月 28 日）

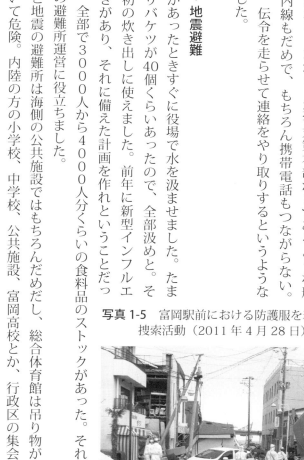

まった人たちが多くいた。食料のストックは19時くらいにはなくなり、炊き出しが出たのは23時くらいです。避難所対応に追われているなかでも、原発はどうなんだという話は当然出ていました。

■原発災害の気配

そのころ東京電力社員の家族が富岡町からいなくなったという噂が聞こえてきた。「俺らはそんなこと聞いとらん」と話していたのですが、作業員から家族にメールが来るらしいです。富岡町と楢葉町との間にあるのは福島第二原子力発電所（以下「２Ｆ」）ですが、福島第一原子力発電所（以下「１Ｆ」）はもう本当に危ないよと。２Ｆの職員が２人、11日の20時ころに役場へ派遣されて来るのですが、「１Ｆの状況が分からない」と言うんですよ。その職員は翌日の全町避難まで役場にいました。

12日の朝4時頃にひょっとしたら1Ｆは**ベント**[7]するかもしれないというような情報がありましたが、まともには連絡がつながっていなかった。原子力の災害対応をする**オフサイトセンター**[8]というのが大熊町にありましたが、それが1Ｆから5キロくらいしか離れていない。施設としても放射線の対策さえしていなかったし非常用の発電機もだめで機能しなかった。

原子力発電所の事故に備えた防災訓練は毎年やっていました。２年

7　原子炉格納容器の中の圧力が高くなり、冷却用の注水ができなくなったり格納容器が破損したりするのを避けるため、格納容器内の気体を外部に排出させて圧力を下げる緊急措置。このときに放射性物質が大気中に放出される。

8　オフサイトセンター（緊急事態応急対策拠点施設）とは、原発事故が発生した時、原発敷地（オンサイト）から離れた外部（オフサイト）に、10条通報（全交流電源喪失等）で原子力災害現地警戒本部がおかれ、15条通報（炉心冷却不能等）で原子力災害現地対策本部が置かれる施設のこと。１９９９年の東海村ＪＣＯ臨界事故を教訓に、２０００年6月に施行された原子力災害対策特別措置法（原災法）で規定され、設置された。しかし、福島第一原発事故においては、施設的にみても不十分で停電を起こしたり、放射能防御のためのフィルターもなく、早々に福島県庁近くの自治会館に撤退し、現地対策本部としての機能を果たせなかった。

に1回は大きなのをやって、総理大臣が来たりするんですが、そういう訓練では、各市町村の担当者と副町長は、大熊町のオフサイトセンターに行かなくてはならない。ところが実際には津波や地震のことで気を奪われているし、原発は大丈夫かなと思いつつも、何も連絡ないのは大丈夫なんだろうと思うんですよ。参集するべき国の官僚もほとんど来なかったと後で聞きました[9]。結局大熊町にあるオフサイトセンターは機能せず、我々に連絡がないまま直線距離で50キロ以上は離れている福島市の県庁近くに引き上げてしまった。これも後から分かったことです。

地震や津波の防災訓練はいつもハッピーエンドに終わるじゃないですか。原発事故を想定した避難訓練も同じです。バスを出して、乗せて、避難させるのですが、最後は、原発事故が起きたけれど、こういうふうに収束しました、さあ帰りましょうという訓練を、長年やっている。だから、今回も実際に避難してバスに乗った人は、どうせ1日か2日だろうと思った人が多かったですね。避難訓練が逆に障害になっている。刷り込みもあるし、こうあってほしいという期待の部分もある。

■津波・地震避難のようす

津波・地震の避難所はどこも同じですがすごい騒ぎです。近くにレンタル会社があるので、どんどんジェットヒーターやレンタルのトイレを持ってこさせた。毛布も出して、最後は新聞紙も出して、新聞紙をかぶって寝ろと言っていました。

ガソリンスタンドは1軒だけ開けてもらい、灯油を手回しで汲み上げて、あるまで使っていいよと言ってもらった。ガソリンスタンドは7軒か8軒ありますが、地

9　経済産業省は15時42分の福島第一原発の全交流電源喪失（原災法第10条通報）を受けて現地対策本部長となる池田元久経産副大臣と職員6人を大熊町のオフサイトセンターに向けて派遣した（17時ころ）。しかし渋滞で都内を出られず、防衛省に引き返して21時3分、自衛隊のヘリコプターで出発し、12日午前0時ころにオフサイトセンターにようやく到着した。国、都道府県、市町村及び事業者から100人〜150人が参集することが想定されていたが、一部の府省を除いて、職員の派遣そのものが遅れた。特に厚生労働省は3月21日まで派遣をしなかった（『政府事故調中間報告書』）。

震の後はみんないない。よく災害計画であそことあそこに行ってこうしろとなっていますが、今回のような災害は、だいたい人がいなくなるんだから、協定を結んでも役に立たない（笑）。

水は、滝川ダムという農業用水用のダムがあり、あと1ヶ月で竣工するところだった。竣工前だったけれど、そこから給水車を使って水を運びました。水洗トイレがだめ。あれも悲惨ですよね。公共下水道自体がどこかで断絶しているのですが、どういうわけか水を流すと流れるだけは流れるんです。

写真 1-6　地震と津波の避難所となった「学びの森」（富岡町生涯学習複合施設）での炊き出し（3月11日）

3月11日は中学校の卒業式でした。議会の会期中だったのですが、中学校の卒業式があって議員も出席するので議会はありませんでした。卒業式は午前中でしたから学校の先生はもう帰ってしまっていた。校長と教頭しかいないんです。だから、避難者が行っても、「僕らは職員室にいるからお願いね」なんですよ。小学校は普通に授業をやっていたので、子どもを帰して先生が残っていました。先生のなかには家に帰れない人もいるので。だから避難者の対応もしていただきました。すると、全然違う。その差は大きかった。

しかしなかには先生の言うことを聞かない住民もいるので、そういう場合には私らが行って、「やかましい。静かにしろ。今説明する」と怒鳴り合うような感じです。住民のなかには「こっちに来て説明しろ」と言う人もいるから、「今、順番に話してるから待ってろ」というような雰囲気です。炊き出しを配ろうとするとわれ先に駆け寄ってくるから「ふざけんじゃねえ、並べ」と注意もしました。

■原発情報

炊き出しが出回り始めたのは23時くらい。仮設トイレが入ったのは20時くらいです。町の中にレンタル会社が２つくらいあるので、そこから直接、職員が持ってきました。後日、５月になって請求書が来たんです。レンタル製品が何百万円、一千万円単位で。

21時から22時くらいになってから、係長以上は残ってそれ以外の普通の職員は半分帰れと指示が出ました。次の日もあるし休まないと消耗していくので帰れと。残っている職員もいっぱいいました。ところが22時くらいになると、今度は原発情報がテレビに出てくる。災害対策本部を置いた「学びの森」には大きなテレビがあって、それを非常用発電機で動かしている。それが唯一の情報源で、国や県からは全然連絡もない。富岡町の住民や役場は遮断されていました。

国は福島第一原発から半径３キロ避難指示、半径10キロ**屋内退避指示**[10]を出したらしい。半径３キロというのは大熊町と双葉町のごく一部で、富岡町にはかからない。屋内退避指示という半径10キロ範囲だと富岡町も夜の森という地区をはじめとして、市街地の大半にかかってきますが、そもそも屋内退避というのがどういう

10　放射性物質が大量に放出される原発事故においては、可能な限り遠方に避難することが第一であるが、条件によってはコンクリート建屋や自宅の中で一時的に待避することが有効な場合もある。その条件とは、待避する建屋に一定の気密性があること、想定される放射性物質の量が少ないこと、あるいは逆に外部に大量のプルーム（放射能の雲）が通過中で一時的に屋内にいたほうが被曝量を少なくできることなどである。いずれにしても原発事故における屋内退避は一時的な措置であるが、福島第一原発の事故においては長期間かつ広域に屋内退避指示が出され、食料や支援物資が届かないなど被災者の生活に大きな支障を与えた。

ことかよくわからないし、万一のためとテレビでは言っていました。それを見て不安になることはなるのですが、よく言われる原子力神話、つまり科学力で収束する、というか、してほしいという願いの方が不安を上回る。そもそも町役場に派遣されてきた東電の職員に聞いても「分からないけど、何とかなるでしょう」くらいの話をしていました。

２Fから役場に派遣されて来た東電の職員が12日朝の4時くらいになって、ちょっとおかしいなという話になってくる。どうも大熊町の方では、防災無線で避難しろという指示が出ているらしい[11]。隣町なので、端に行くと防災無線の声が聞こえてくるみたいなんです。「何それ」という話になってくる。そこで役場の幹部が集まって、どうするかという話をしました。その会議で川内村に避難の受け入れを頼もうということになった。後でわかることですが、国が富岡町の市街地にかかる福島第一原発半径10キロの避難指示を出したのはその後の5時44分で、同じく富岡町の一部にかかる福島第二原発半径３キロの避難指示を出したのは7時45分になります。

２０１１年3月12日の経緯（富岡町）

5時44分　福島第一原発から半径10キロに避難指示
6時50分　川内村に避難受け入れを要請、防災無線で町民に避難を呼びかける
7時45分　福島第二原発にも原子力緊急事態宣言
8時00分　富岡町民６０００人がマイクロバス等で川内村に移動
10時17分　福島第一原発1号機でベント開始
15時36分　福島第一原発1号機で水素爆発

11　大熊町では3月12日6時21分に全町避難指示を出した。国が大熊町全域を含む福島第一原発半径20キロの避難指示を出したのはその12時間後にあたる18時25分のことだった。

17時39分　福島第二原発から半径10キロに避難指示
18時25分　福島第一原発から半径20キロに避難指示

2　2011年3月12日（土）

■川内村への避難指示

たまたまつながった携帯で川内村に避難者の受け入れについてお願いをして、了解という話になったのが6時45分くらいです。そのころ防災無線はバッテリーで動かしていました。まだバッテリーの残量があるので今しかないってことで避難指示の放送を流した[12]。その言い方も、万が一とか、念のために川内村に避難してくださいというような案内です。

でも、そのときには、既に東電職員やその関係者からの情報のせいか、いろいろな動きがあったので、道路は車で一杯だった。川内村の中心部まで二十数キロなのですが、半日から、半日以上かかりました。南北方向の国道6号線は地震で道路が遮断されていて、高速道路もだめ。最終的には、高速道路は自分の責任で行くということで開けてもらいました。路面が地震で傷んでてがちゃがちゃなのですが、それでもいいなら逃げろという話になった。

ところが、町内の避難所に集まっている住民を運ぶバスが手配できない。というのは、国が福島第一原発から3キロ圏の避難指示を出した11日の夜に、大熊町の人たちの避難用に国が茨城県を含めて近隣のバスを全部押さえてしまっていた。そこで建設業者のマ

12　国が富岡町の全域となる福島第一原発半径20キロへの避難指示を出したのは、富岡町の全町避難指示からほぼ半日後の3月12日18時25分だった。

イクロバスや町のスクールバスとかをかき集めました。県庁の災害対策本部にも、たまたまつながった行政防災無線を通じてバスを要請したら、会津から2時間で来ました。100キロ余り離れたところから2台だけ来ました。

加えて、たまたま富岡町に来ていた観光バスを2台、無理やりお願いした。あとは自家用車の乗り合わせなどで川内村へ行ってくださいという指示を出しました。でも、渋滞ですね。極端に言えば30分たっても50メートルくらいしか進まないような感じです。でも日本人は列を乱さないので、富岡に入る方向の反対車線は空いてるんです。だから会津からのバスが2時間で着くことができた。

川内村に行く道路と並行して大熊町から郡山市に抜ける国道288号線があります。そちらは渋滞もなく空いているみたいだと誰かが言うんですよ。北側はどんどん1Fに近くなるので誰も行かない。しかも大熊町は既に国の避難指示が出ていて、私らよりも早く避難している。だから渋滞がない。そこで警察に言ってこちらのルートにも流してもらい、市内の渋滞は30分くらいで解消しました。ところがそれが結果的には、富岡町からの避難者を2つのグループに分けてしまった。避難行動が二分化されてしまったのであとで対応に苦労しました。

川内村というのは人口2800人くらいの村ですが、富岡町の人たちとは昔からずっと懇意にしてる地域です。川内村から富岡

写真 1-7　富岡町から川内村までの避難者の車列

町に嫁いで来たり、川内村の人でも子どもの教育のために交通の便のいい富岡町に住んでいたりします。このように地域間のつながりがあったので避難者を引き受けてもらい、富岡町の人口1万6０００人のうち最大で6０００人から7０００人近くが入りました。

■残っていた住民と職員

住民に川内村への避難指示を出してから男性職員は2人1組になり、地図で区割りをして要介護者や避難所を全部巡回させました。そのとき**タイベックス**[13]（簡易な防護服）を持たせました。そのころベントをしているというのは分からなかったですが、**モニタリングポスト**[14]の**放射線量値**[15]が上がるんですよ。これはおかしいなという話になって、職員をまちなかに出すので、活性炭入りのマスクとタイベックスを配り、着たいやつは着ろ、持っていってもいいし、持たなくてもいいという指示を出した。一方、女性職員はバスに乗って川内村に行けということにしました。11時ごろ移動します。

一部残っている人はいたのですが、基本的に女性職員は川内村に、男性職員は巡回が終わったあと町内の避難所に行きました。だが町内にはまだ住民が残っていた。地区を回ってるときに、夫婦で犬の散歩をしている人もいるんですよ。私が「避難指示は知っていますよね」と聞くと、「どうせ渋滞してるし」「あとで行くから」と言う。「きっとですよ」と念を押しましたが、結局その日の15時36分に、1号機が水素爆発をします。

13　放射性物質が直接肌につかないように着用する作業用の簡易な防護服。使い捨てで使用する。放射線を遮断する効果があるわけではない。

14　大気中の放射線量を継続的に測定する据え置き型の装置。福島第一原発の過酷事故当時は、東京電力が原発の敷地内に、また国（科学技術庁→文部科学省）が原発周辺の自治体を中心に設置していた。

15　被曝は内部被曝と外部被曝に分かれる。内部被曝は放射能を帯びた食料や塵などが体内に入ることによって起きるが、外部被曝は地面などに落ちた放射性物質から発せられる放射線を浴びることで生じる。モニタリングポストはこうした空気中の放射線量を測定する。

あとで触れますが、１号機の水素爆発の瞬間、私は川内村から三春町に向かっていた。だから直接見てはいないのですが、それまで町内に残っていた人がばーっと町外に出ていったそうです。近くなのですごい爆発音でしたから。実際に町内に何人残っていたかは分からないですが、職員が避難していく住民を多数見ているので、結構な数は残っていたと思います。

■全町避難完了

定かではないですが、避難所にもなっていた「学びの森」を経由した最終の避難バスが出たのは13時半くらいです。職員を除いたバスによる全町避難の完了です。我々は、朝から飯を食べていないので、やっと役場に戻って、ご飯に水をかけて食おうかなと思ったときに、**セシウム**[16]が出たというのをテレビで言っていた。常日頃から総務課は東電からの通報を町長に手渡したり、町長がいないときは東電の解説を聞くこともあります。だから、普通の職員よりはある程度、原発の知識がある。テレビを見た瞬間、私は「セシウム、まずいな」と言ったらしいんです。自分では覚えていないけれど、若い職員が「なぜまずいの？」と聞いてきたらしいです。今はそんなやりとりがあったことも全然覚えていない。

原発立地町なのでほかの町村よりは原発のことを分かっているつもりですが、職員全員が分かってるわけではないし、原発避難訓練も生活環境課など直接の関係課しか参加しない。例えば住民課関係とか福祉課関係は訓練には行かない。教育委員会の幼稚園とか保育所の職員などは、そもそも災害対策本部の体制にも入っていない。だから保育所

16　ウランの代表的な核分裂生成物として、ストロンチウム90と共にセシウム１３５、セシウム１３７が、また原子炉内の反応によってセシウム１３４が生成される。この中でセシウム１３７は比較的多量に発生し半減期も約30年と長い。

も子どもを帰して職員もそのまま避難してしまったところがある。後から「戻れ」と指示をしましたが。

そんなところに災害対策本部の事務局長補佐が来て、町長からの指令を出すから集まれという話があった。集まった職員は30人くらいだったのですが、住民は基本的に避難したし、タイベックスもないし、職員は自由に家に帰ってもいいみたいなことを言うんですよ。住民が避難している川内村に向かえというのなら分かるけど、解散とはどういうことなんだと思い、「今から俺は川内村に行くから、ついてくる者はついてこい」と言いました。若い職員ばかりですが、本部事務局の職員を除いて全員が「行きます」という話になった。

でもガソリンがない。公用車も足りない。そこで個人の自家用車を「徴用」して、発電機とか、残っていた水、食料、医薬品など、手持ちの分を積みました。最終的に川内村に行ったときには30人が38人に増えていたので、途中、職員を吸収したんですよ。「災害対策本部に行ったら幹部職員しかいなくて、しかも家に帰ってもいいという指示が出ていた」ということで、こちらに付いてきたというわけです。

■役場機能の移転

私を入れて職員38人が川内村に行って、これがしばらくの間、役場本隊になっていきます。そのころになると渋滞もなくなっていたので、混んではいますけど川内村まで順調に進みました。川内村という２８００人の村に６０００人以上が入っているので中心部は混んでいました。

最初に行っていた女性職員がおにぎりの炊き出しをしていたので「ご苦労さま」と声をかけ、川内村の総務課長に「どうも、来ました」などとあいさつをしていました。川内村の村内には避難所が19か所もあるということでした。そこで川内村役場のカウンターに職員を並べて、1、2、3、4とやったら、38人ですよ。ちょうど2人ずつだという話をした。

川内村の村長も来て、「大変だけど、俺らは支援すっから」とあいさつをしていただいて、「じゃあ散れ」と言おうとしたら、川内村の総務課長が来て、「菅野さん、三春町から電話来てんだけど」と言う。「何だって」「助けてくれと言っている」ということだった。三春町は県庁の災害対策本部に対して600人くらいの避難者を収容できると報告していたところに3000人以上も入っていると言うのです。そのうち富岡町の住民だけでも、千何人はいるはずだと言う。「何とかしてくれ」と。そう言われれば、行かなくはならないかなと思いました。でも、誰かに行けとも言えないし、自分で行くしかないだろうと思ったので、5班（10人）まで付いてこいといって、ワゴン車3台に分乗して三春に向かった。

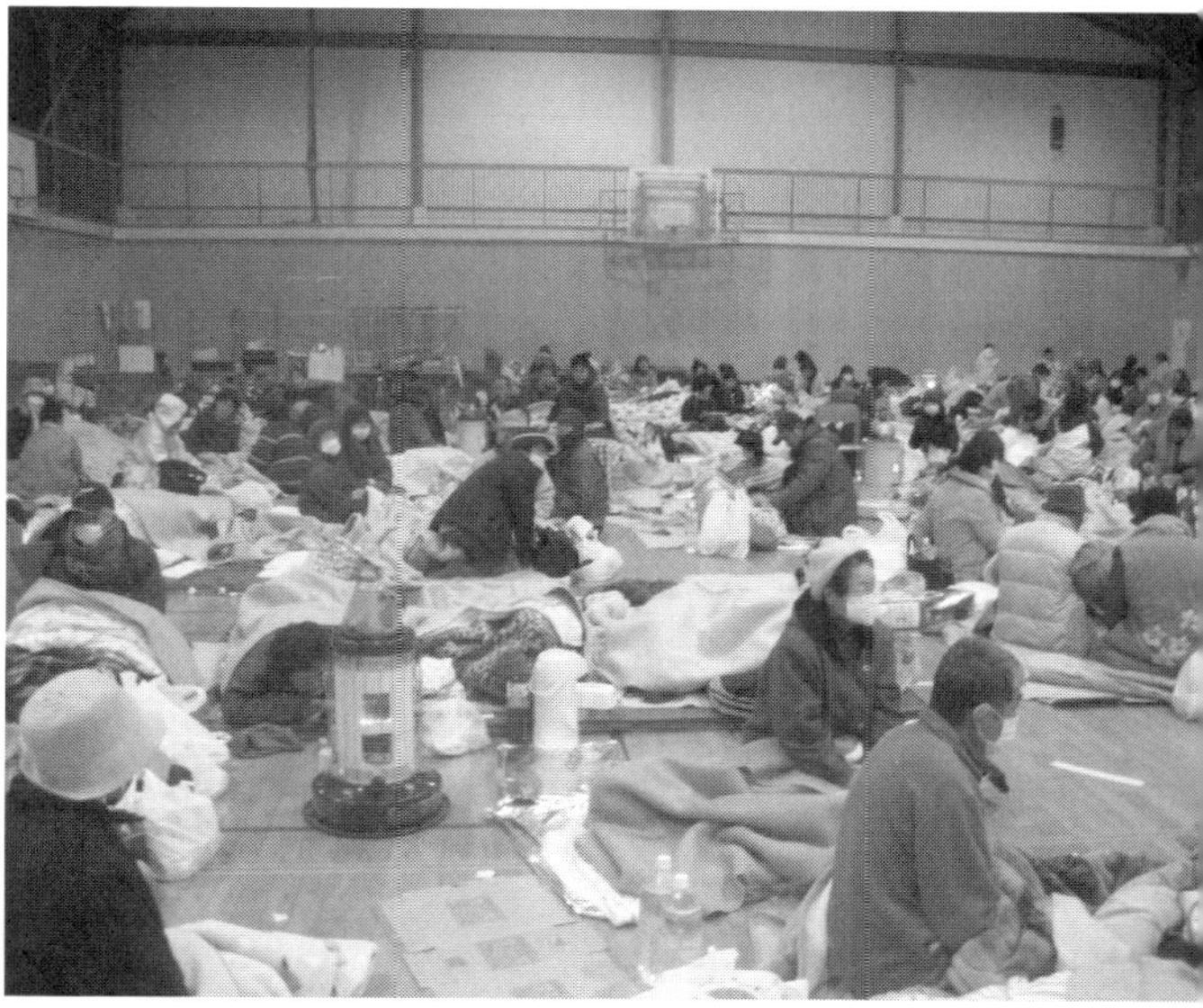

写真 1-8　川内村体育館の避難所のようす（3月13日）

■川内村から三春町へ

川内村から三春町までだいたい1時間です。その車中にいたときにさきほど触れた1

号機の爆発がありました。京都大学の先生がラジオで、水蒸気爆発を起こしたみたいに言う。もう終わりだと。水蒸気爆発を起こしたら、おれはこんなことをしている状態であるはずがない、変だなと思いました。水蒸気爆発であればもっと吹っ飛ぶはずなんだがなと。あとから水素爆発だったということで、もちろんそれはそれで「もう戻れないよ」と若い職員に言いました。

そのまま三春町に行きます。そのころはもう暗くなっていましたが、役場の2階の災害対策本部に行って、取りあえず、「まほら」という生涯学習センターと総合体育館で待機してくれと三春町の総務課長に言われたので6人と5人に分かれました。避難所には富岡町の住民もいっぱい入っていた。まずは住所を書いてもらい名簿を作成しました。

その日は、三春町も混乱していた。前の日から寝ていないので2時間くらいうとうとしたあと三春町の総務課が呼んでますよという話があり、三春町の災害対策本部に入りました。次の日になって、大熊町の課長、今の副町長に会います。いままでお会いしたことはなかったのですが、有名人だったんです。このあと、ものすごく一緒にやることになります。大熊町は田村市に災害対策本部がありました。

三春町からは、大熊町と富岡町に対して、何でも支援するからそれぞれの住民だけは何とかしてくれという話があった。大熊町の課長と私に三春町の災害対策本部に入ってくれということで、三春町役場の2階に常駐するようになります。

そのときになると川内村に避難していた総務課長、つまり私の上司が三春町の避難所のようすを見に来た。話を聞くと避難戦線がどんどん広がっている。役場もどこに誰がいるのか分からない。次の朝、おにぎりを持ってきたあとは音信不通です。電話はもう一切、川内村とつながらない。そのときにはもうマスコミも警察も川内村から逃げていています。結局、川内村と富岡町の住民だけがそこに孤立している。

あとで聞くと、３月14日、３号機が爆発する前に、川内村にいた本隊は**保安院**[17]と直接話をしたということです。**レベル４**[18]なので、そこに留まれと言われたらしい。２８００人の村なので、食料の供出はしてもらうんだけど、最終的にはなくなります。体育館に入った人は１日１個のおにぎりになっていた。

■住民と役場が取り残された

動いているのは自衛隊だけです。双葉郡の警察署さえも福島市の近くの川俣町に避難していなくなってしまった。署員が40人か50人いましたが、署長以下７人だけを残して、みんな引き上げた。だから、結果的に川内村に残っていたのは富岡町と川内村の役場職員に、富岡町から避難してきた住民と川内村の住民だけ。県庁職員もあてにならなかった。富岡町には県庁の合同庁舎もありました。裁判所、労基署、ＮＴＴ、警察署、消防署など、いわゆる官公庁というのはひととおりありましたが、みんな住民や役場を置いて逃げた。

県庁の用水事務所の所長と職員は、「最後まで富岡町についていきますから、命令してください」と言っていたけれど、逆に帰しました。「県庁の方で撤退命令が出ているでしょ」ということで、残してくれというのを帰したりしま

17　原子力安全・保安院のこと。原子力その他のエネルギーに係る安全及び産業保安の確保を図るための機関で、経済産業省の外局である資源エネルギー庁の特別の機関とされた。福島第一原発事故後にそのあり方が批判され、２０１２年９月19日に廃止されて環境省の外局である原子力規制委員会に移行した。

18　国際原子力機関（IAEA）が定めた原子力事故の評価尺度でレベル７まである。１９９９年に東海村で起きたＪＣＯウラン燃料加工事故はレベル４、１９７９年のスリーマイル島原発事故はレベル５、１９８６年のチェルノブイリ原発事故はレベル７とされる。福島第一原発事故は最終的にレベル７と評価された。

した。川内村にはマスコミもいない。残ったのは地元紙1紙。地元紙は2紙あるのですが、一方の支局長はたまたま楢葉町出身で、津波の取材のあと、楢葉町に行ってしまった。もう1紙の支局長は福島市出身でもあり、ずっと避難者と一緒になって取材していました。

こんな状況で5日間が過ぎていきます。避難所運営といっても大変です。誰もどうしたらよいか分からない。私が担当していた三春町の避難所では、自炊できるところはいち早くやりました。自治体職員が食料を「はいどうぞ」と配っているところはだめです。

そのころ私は避難所を回って、天皇陛下と同じことをしていました。「どうですか。富岡町の職員です」と言いながら順番に回って、状況と情報を集める。これがだいたい昼間の仕事でした（笑）。

3　2011年3月13日（日）以降

2011年3月13日以降の経緯（富岡町）

3月14日　11時01分　福島第一原発3号機で水素爆発
3月15日　6時10分　福島第一原発2号機で異音発生
　　　　　6時14分　福島第一原発4号機で爆発・出火
　　　　　11時00分　福島第一原発から半径20キロ～30キロ屋内退避指示
3月16日　富岡町と川内村の住民約5000人が郡山市のビッグパレットに移動・避難
3月17日　埼玉県杉戸町からのバスにより一部住民は杉戸町等に移動・避難
4月14日　ビッグパレット敷地内にプレハブで仮の町役場開設
6月15日　仮設住宅入居開始
8月31日　ビッグパレット避難所閉鎖
12月19日　郡山市大槻にプレハブで仮役場開設

■ヨウ素剤[19]の配布

三春町も戦争と同じでした。ミサイルが飛んでこないだけです。車は渋滞している。警察のサーチライト。自衛隊。空はヘリコプター。ビビビビってクラクションを鳴らして車の中から「おれらはどこに行ったらいいんだ」と言うから、「好きなところへ行け」と言いました。私たちも避難者がどこに行くべきか分からなかったから。

あとから分かったことですが、福島市も水が出なかったし、**中通り**[20]も被災していました。郡山市役所の庁舎の一部が崩落して中で人が死んでいた。1か月後に発見されます。須賀川市の藤沼ダムは決壊し、濁流とともに流域の住民が流されて亡くなったりしています。今は認知症で要介護5となってしまった私の母が、（自分の経験した）戦争よりもひどいと、1か月半後に言ったのが記憶に残っています。

三春町には12日の夜遅くにヨウ素剤が届いた。富岡町役場は常にヨウ素剤を持っています。原発作業は1970年ころから始まっているので、今の住民からみると親の代で来て20年、30年住み、故郷が富岡町だという人も結構います。原発関連の技術者が多いので、ヨウ素剤を配れという騒ぎが始まっていました。本当は、医師か看護師の立ち会いがないままに配ると薬事法違反なのですが、富岡町

19　本来、ヨウ素は、甲状腺ホルモンの構成成分として体内にも存在し、海草などからも摂取される。

一方、甲状腺は、ヨウ素を取り込み蓄積するという機能があるため、原子力事故で環境中に放出された放射性ヨウ素が体内に吸収されると、甲状腺で即座に甲状腺ホルモンに合成され、甲状腺組織の中で放射能を放出し続ける。その結果、放射能による甲状腺障害が起こり、甲状腺腫や甲状腺機能低下症を引き起こすとされている。

これらの障害を防ぐためには、被曝する前に放射能をもたないヨウ素を服用し、甲状腺をヨウ素で飽和しておく。被曝直前に摂取した時に効果が最大となるため、服用するタイミングが重要になる。

20　福島県は太平洋側から「浜通り」「中通り」「会津」の三地方に分かれる。それぞれの間には山地がさえぎっていて、風土や気候も異なり、日常的な交流は少ない。廃藩置県直後は3県に分かれていたほどである。

原発災害で避難を強いられているのは主として浜通り地域だが、地震そのものは中通りの被害も大きかった（第4章参照）。

役場ではもうどうしようもなくて、川内村の避難所では配っていた。

そこで三春町にいる富岡町の避難者用に、保健師が車に乗せてヨウ素剤を持ってきた。それを見て、大熊町の課長は「飲ますのか」と言って、自分らのところは持ってないから慌てて、田村市にあった大熊町の災害対策本部から自分らの分を確保してきた。日本では40歳以下に服用となっているけれど、フランスでは年齢制限はありません。ヨウ素剤の取り扱いは国によっても違います。私は医者ではありませんが、注意書を読み上げて富岡町からの避難者に渡しました。「全員が飲め」ということではなくて、だめだと思う人は飲まなくていい、副作用は１万人に１人が嘔吐が出たりする場合もある、赤ん坊にはこのように割って飲ませる、といった説明をしました。

三春町の保健師に富岡町の住民が「どうやって飲むの？」と聞いたらしい。保健師だからさすがヨウ素剤くらいは知ってたけれど、三春町は原発立地町村ではないから詳しくは分からない。そこで「富岡町でヨウ素剤を配っている」と保健師が三春町の災害対策本部に報告すると、「それは、どういうことなんだ」という話になったらしい。それで三春町では保健福祉課が県庁にいってヨウ素剤をもらうだけもらってきたということがありました。三春町の人口は１万８０００人ですが、その後、三春町役場では全職員を使って一晩で全世帯に配る準備を終え、行政防災無線を使い周知し、配布を行ったようです。

■服用のタイミングを見計らう

飲むタイミングはいつくらいがよいかという話になってきたので、パソコンでドイツとアメリカの情報を見ていました。ドイツ語は読めないからよく分からないけど、放射線量の動きは分かるんです。アメリカだと思いますが核種ごとにセシウムとか出ていました。さらに気象データを見ていました。気象データは、３号機の爆発の前に消された。ネット上から一切なくなりました。富岡町とか、大熊町のデータがなくなって、「これは、何だ」と言っていたら、14日の11時頃、３号機が爆発しました。

夜、雨が降るというのはその前につかんでいた。風向きはちょっと分からないけれど、放射線量が上がっているのでベントされていることも感じていました。三春町は１Fから70キロくらい離れています。放射性物質は**プルーム**[21]という雲状の気体で大気中を流れてきて雨や雪で地上に降ってきますから、それを考えて雨が降る前にまずヨウ素剤を配っておく。

一方、三春町役場では住民に飲ませました。医師等の立ち会いのないままに配布して飲ませたので、次の日かその次の日、県の薬事課だか、医務課だか知らないけど、「薬事法違反だ」といって、福島民報の一面にでかでかと出ました。その時、反省しました。富岡町役場で避難者に配ったから三春町でも全町民に配るようになってしまったということなので、ほかの町に来て余計なことやっちゃったかなと思いました。でも、町長や副町長が来て、「おれらが判断した」「気にすんな」とか言われました。その次の日、原子力規制委員会か、保安院かが、本来であればヨウ素剤を飲ませるべきだったとコメントしたらしいです[22]。

■さみだれ避難

21　気体状の放射性物質が大気中を雲のような塊となって流れる現象。内部被曝や外部被曝の原因となる。
東京電力福島第一原発事故では、３月15日と21日をピークに、放射性プルームが東北南部や関東に向けて、複雑な動きをともなって幅広く拡散したことが後日明らかになっている。雨や雪にともなって地上へ落ちてくる。

22　この間の経過は、朝日新聞特別報道部（２０１３）『プロメテウスの罠３福島原発事故、新たなる真実』学研パブリッシング、にも詳しい。

そのあとにスピーディ（SPEEDI）23が出たんですよ。スピーディの情報は県庁内で紛失したことになっている。住民や役場は何の情報もなくて、結局、みんな自分らで判断して、これにおかしいといって逃げたりしていたのです。人は普通はお互いに面倒をみますが、決してあいう時には面倒みてくれません。頼れるのは自分たちだけです。普通の自然災害であれば、一時電話がつながらないとか、情報が遮断されても、それなりにどこかが動いていて、遠回りでもつながる。私たちの場合は自分ら以外は何もないんですよ。情報も来ないし、通信手段もない、ガソリンはない、食料はない。

だから、最初、12日に川内村へに入った住民は６０００人でしたが、16日になってビッグパレットに入った時は２０００人くらいに減っていた。川内村では固定電話が使えなかったけれど、何とか携帯電話がつながる時もありました。高塚山という高いところに上がったりするとつながることもある。そこで友達とかに川内村まで迎えに来てもらって少しずつさらに遠くに避難していく人たちがいたからです。

ただ郡山市でもスクリーニング24をしていない人は避難所に入れない。北茨城でもスクリーニングをやってました。面白いのは、今でこそGM25とか、シンチレーション26といった機器を使えますが、あのころは使える人がいない。本来は単位を合わせないと針が動か

23　緊急時迅速放射能影響予測ネットワークシステムの略。福島第一原発事故では、3月11日夜から、一定の想定のもとで原子力安全・保安院や文部科学省が大気中に放出された放射性物質の動きを多数試算し、配信をしていたが、内閣はもとより、住民や市町村にも伝わらず、自治体が住民避難を計画する参考にならなかった。そのため放射性物質の飛散方向と同じ方向に住民が避難し、被曝リスクを高めてしまうなど、強い批判を受けた。

24　身体や衣服についた放射線量を測定し、基準値以上であれば衣服を廃棄するなどの処置をする必要がある。当時、避難所に入るためには保健所等でスクーリニングを受けた証明書が必要だった。

25　ガイガー・ミュラーカウンタ・サーベイメータのこと。放射線測定器のひとつ。

26　シンチレータ（放射線の入射により蛍光を発する物質）を用いた放射線測定器。

ないのです。大きな単位だと動きが小さすぎて線量値が出ない。富岡町では操作経験のある人もいますから、「こいつら知らねえな」と思って、でも、スクリーニング検査を通らなくてはならないから黙ったまま、「異常なし」「はい（バカだな、あいつ）」などという話もあとで聞きました。

東京圏の避難者受け入れ先でも、最初は原発避難者は入れないと伝わっていた。自然災害は受け入れるけど原子力災害はだめだと。原発避難に対しては怖いというのがあるのでしょう。そのあとも、避難者が車のフロントガラスを割られたり、タイヤに穴をあけられたりしました。仮設住宅に入ってからも、アパートに入ってからも続いていました。受入拒否とか、入店拒否とか、そういうのは結構あったんです、当初は。もちろん、面倒をみてくれる人は本当によく面倒をみてくれました。

写真 1-9　原発避難者に対するスクーリニングのようす

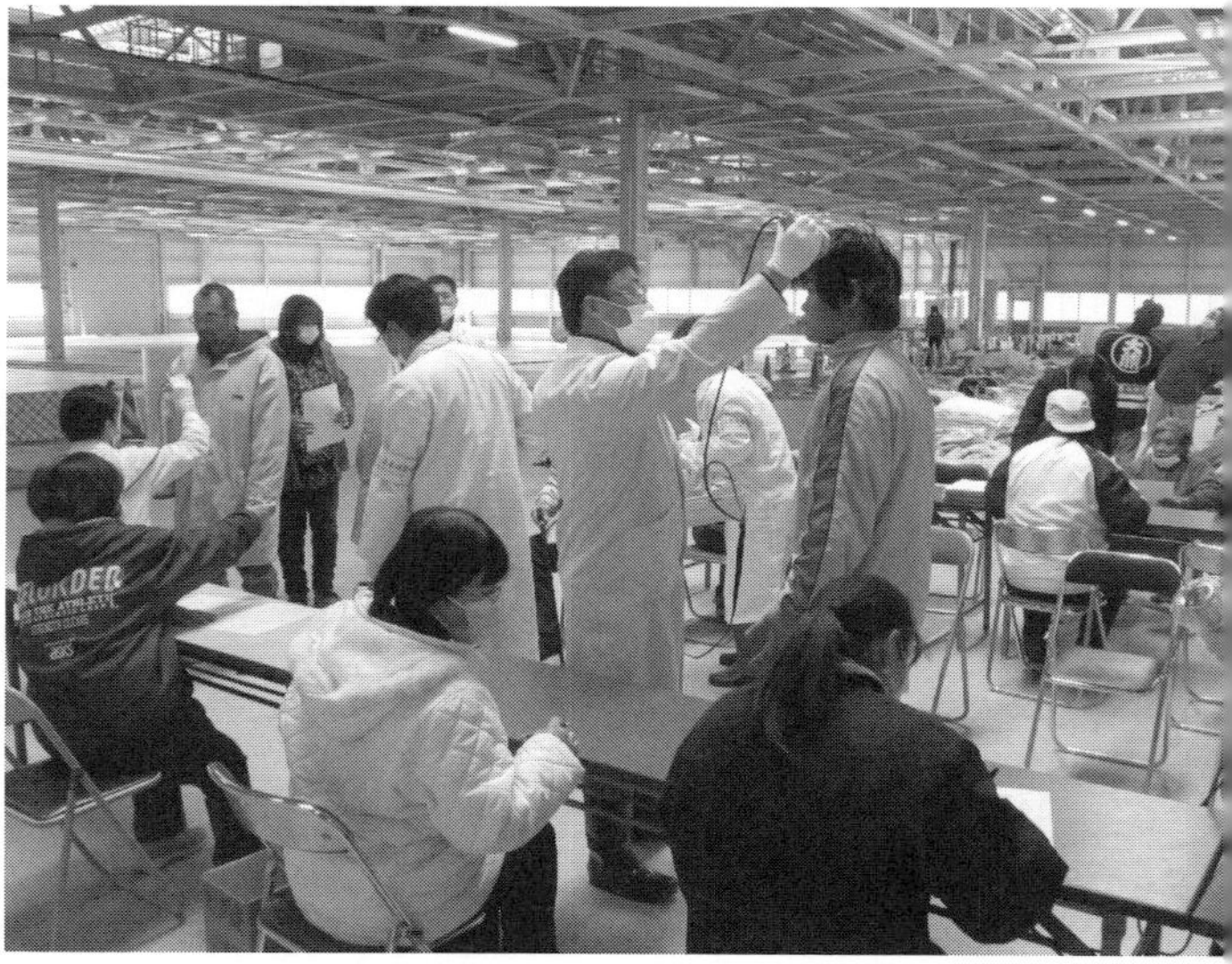

■杉戸町の支援

３月16日になって、川内村にいた富岡町の避難者本体とそれを受け入れてくれていた川内村の住民全体が、郡山市にある県営のコンベンション施設であるビッグパレットに避難します。モーターショウをやるような県内随一の広さを誇る展示室や多数の会議室を持つ大規模な施設です。まずは川内村の人たちを優先して避難させて、富岡町からの避難者はそのあとについていきました。２０００人以上いるわけですから丸一日かかりました。避難所を回ってこういう事情だということを説明して、車がある人は自分で逃げろ、ない人はバスでピストン輸送すると言って歩いた。でも、バスを要請してもどこからも入ってこないんですよ。

そこで、助けてもらったのが埼玉県の杉戸町という人口4万7千人くらいの自治体です。半年前に提携したばかりの姉妹都市です。10年以上ラブコールを受けていた。そこの町長さんに新しくなった人は運送業を営んでいました。バスは持っていないのですが、トラックは40台くらい持っているそうです。だから顔が利くんだね、きっと。「助けてほしい」と富岡町長からお願いをしたら「わかった」と一言で大型バス７台と職員の人が来てくれました。それで2度目の避難が動き始めた。丸１日かかって富岡町の避難者本体と川内村の住民は郡山市のビッグパレットに移動できた。

ビッグパレットに入る時も、県庁の災害対策本部に「どこに行ったらいい」と言ったら「会津の山奥か、群馬県の片品村に行け」と言われた。ガソリンもないのに、行けるわけないだろうという話になって、「ビッグパレットに入る」と言ったら当時の災害対策担当の副知事に「だめだ」と言われたんですよ。しかしそこを強引に入った。

原発事故後、役場の職員については現場を離れて遠隔地に避難した人はほとんどいなかったのですが、子どもや赤ちゃんのいる職員もいますから川内村脱出後は一定程度ありました。入ったばっかりの新入職員は親が連れに来ることもありました。職員を辞めてもいいから逃げろと。そもそも原発が爆発しているわけですから、しょうがないといえばしょうがない。ただ、一旦離脱した職員も1か月以内にはほとんど復帰しました。

■3月分の給料をどうしたか

私は結果的には、先遣隊として三春町の避難所を担当することになり、役場本体の川内村での避難や、そこからビックパレットへの移動には同行しませんでした。3月12日に移動して、その数日後、町の指定金融機関の銀行の支店長から3月分の職員の給料をどうしたらいいのかという電話が来た。その時、川内村にいる役場本体とは、電話もメールも不通となり全く連絡がつかない状況で、三春町にいる部隊が役場の窓口状態となっていた（3月16日以降は、役場本隊もビッグパレットに入り、連絡がつくようになった）。

「支店長ですけど職員の給料をどうします？」というから、「あ、そうだ。給料だ」と気付きました。私も富岡町に残した車の中に財布を置いてきたんですよ。ガソリンがなかったから車を持ってこれなかった。そのときに持っていた現金は1万2千円でした。

郡山市にあるシマムラという洋服屋が震災10日後くらいに1日だけ開いた時がありました。その時、パンツを1週間も10日もはいていてベトベトになってるからパンツくらい欲しいなと思ったのですが、そういう買物のときにはお金を借りていた。

支店長には「当然、給料を払ってもらうよ」と言いました。「10万の定額にしますか」と言うので、2月の給料と同額で出せないかと言ったら、安全上、前月のデータでさえも消すそうなんです。だから、2月のデータがないと言う。それでも、すぐに金が欲しいと思ったので、職員に、自分の給料の本給の月額か税引などの控除後の金額かのいずれか好きなほうを選ばせることにした。

給料なんかいつもらえるか分からないわけだから、もらえる時にもらっておかなくてはという職員もいるし、こんなときにいろいろな控除額を払うのは嫌だという人もいる。

だから、そういう選択肢を設けました。当時、私は三春町にいたので、三春町役場から知っている職員に片っ端から電話をかけ、職員から職員へと連絡を広げさせた。「おともだち作戦」と言っていました。「おれが集計するから、FAXで送れ」といって紙を送らせる。携帯電話の番号も書かせた。そのようにして職員の居場所がほとんど分かりました。県外にいる職員までわかりました。

友好都市である杉戸町に避難している住民や品川区の日光にある保養所に避難している住民がいて、そういうところには職員も配置していますから、県外にも職員がいたわけです。職員に「ここに行け」と命令した上司は誰がそこにいるか分かっていますが、あの混乱時には。災害対策本部では「あいつはどこに行ってるんだ」みたいな話になるんですよ。給料を出すという準備の過程で、初めてどこにどの職員がいるかということが明らかになってきました。

私には、当時小学校4年の娘がいてPTAの副会長をやっていました。その会長がパソコンのIT業者だったので**サーバー**[27]をもっていて、役員のネットワークをつくっていた。震災2日目からそのサーバーのあるエリアだけは電気が復旧しました。

とにかく、子どもたちの居場所が分からない。そこで役員で「おともだち作戦」をやりました。会長は東京に避難していたので、富士通から中古のパソコンをもらってこっちから送ってやりました。サーバーが生きているので役員だけはネットワークがつながっている。そこで知り合いから知り合いへと、「居場所が分からないから教えてくれ」と言って情報を集めたので、他の小中学校を含め、4月1日の時点では、九十何%の子どもの居場所がわかりました。

27　サーバー（あるいはサーバ）とは、本来はクライアント（依頼人）からの要求に対して何らかのサービスを提供する役割を果たすプログラムを指す言葉であるが、そこからソフトウェアを稼動させているコンピュータ機器そのもののことを、サーバーと呼ぶ。

4　2011年4月以降

■超大規模避難所ビッグパレット

ビッグパレットにいる避難者は最大時に2500人にもなっていて、もう戦場のようになっています。1000人くらい入っているコンベンションホールの一部は野戦病院になっていた。**ノロウイルス**[28]が出たりしました。災害派遣医療チームや富岡のお医者さんを中心に医療団のようなものを組織し、いわゆる野戦病院を開いたんですよ。

震災から40日目に私は三春町の避難所担当を外れ、ビッグパレットに置かれた仮役場に合流しました。それまで私は三春町がまだ落ち着かないので離れないと言い続けていた。町長と電話で、役所機能をそのままビッグパレットに置くか、あるいはそのとき私がいた三春町に移すかでもめて、けんかまでして、バシッと受話器をぶん投げて、おれは一生、役所本隊には合流しないくらいの気持ちになったこともあります。でも上司の総務課長からは毎日のように「ビッグパレットに来い」と言う話があり、「あと1週間」「あと1週間」と言いながら40日間は三春町にいました。

ビッグパレットに置かれた仮役場に入ったら、ビッグパレットは川内村の住民と合わせて2500人の避難者が職員といっしょに住んでいる。職員は飯もろくに食えないし、食えても消費期限の切れたコンビニの冷え切ったやつ。寝るのは床で、新聞紙に寝てる。

28　ノロウイルスは手指や食品などを介して、経口で感染、ヒトの腸管で増殖し、おう吐、下痢、腹痛などを起こす。軽症で回復する場合もあるが、子どもや高齢者は重症化したり、吐ぶつを誤って気道に詰まらせて死亡することもある。ワクチンはなく、治療は対症療法に限られる。

寒くてよく眠れないから、気が立っている。

これは、ダメだと思った。でも町の幹部職員の中には、ビッグパレットを整備して長期的に避難者ともども住み続けようという人がいた。私は「こんなところいたら死んじゃうでしょ」「一刻も早く出すべきだ」と言いました。それで一番先にやったのが、職員を１回全部ビッグパレットから出すということです。人間らしい生活をしていないと、まともな対応ができないじゃないですか。職員同士がけんかをしているし、被災者ともけんかをしている。だから、「１か月以内に出ろ」という指示を出しました。

あの頃は避難者のほかにもホームレスのような人たちが入ってくるし、泥棒も入ってくるので、ビッグパレットのこの廊下には誰が寝てるとかがわかるように避難者マップを作れと言いました。我々の職員証(名札)もなかったので、偽職員が現れたこともあった。いっしょに避難していた川内村役場は職員数が少ないから偽職員だと分かってしまうので、富岡町職員だと言って食べ物を取っていったりしました。証明写真を撮影できる状況ではないので、名前をパソコンでプリントして役場の公印を押した大きな名札を作りました。避難者の中には、子どもを置いたまま、両親がいなくなることもあった。

写真 1-10　避難所（ビッグパレット）で食料を受け取るための長蛇の行列

■住民票の顛末

当時、ビッグパレットに置いた臨時の役場にはパソコンもほとんどない。中古をやっと手に入れて、エクセルで動かすくらいでした。お金も富岡町から持ち出せなかったので、いっしょに避難してきた川内村役場から富岡町役場として300万円を借りたくらいです。**住民基本台帳**[29]のサーバーを3月30日に自衛隊と取りに行きました。町から脱出するときには避難者と同じように役場も着の身着のままだったということです。

8月に**原発避難者特例法**[30]ができます。あれは飯舘村の菅野村長が言い出したことになっていますが、実際は富岡町でもかなり前の段階から国に申し入れていた。国の審議官とか、かなり上の方が来て、10人くらいで取り囲まれる場があって、「今、何に困っていますか」というから、一番先に言ったのは、郡山市は、住民票を移さないと保育所は3か月で出されてしまう、それで困っていると言いました。最初は、学校教育も区域外就学という概念がないので、住民票を移さないと学校に入れないという話が全国各地であり、公営住宅やアパートへの入居にも支障が出ていた[31]。

29　一般的には住民票と呼ばれているが、住民基本台帳とは住民票を発行する基となる住所、氏名、生年月日、戸籍等の情報が蓄えられている世帯別の台帳のこと。現在ではすべての市町村が電算化されている。

30　市町村の区域外に避難している住民（避難住民）に対し、避難先においても適切な行政サービスを提供し、その負担を国が担うことを決めた法律。

31　当初、避難先の市町村教育委員会では住民票を移して住民にならないと転校を認めないというスタンスを取るところが多かった。そこでやむなく住民票を移した避難者もいる。その後、避難という事象に照らして、住民票は元のままでも就学が認められるようになった（区域外就学）。
しかしさらにその後文部科学省は学籍簿を避難先の学校に移すようにとの通知を出した。学籍簿を移すということは、避難前の学校の児童生徒ではなくなり、避難先の学校に就学して卒業することになる。転校したことになってしまう文科省のやり方に対し、避難元地域や友人たちとの関係を慮って悩み苦しんだ避難者も少なくない。

そこで私たちは電話で、うちの住民に間違いないから住民票を移してやってくれとやっていた。データ処理じゃないんですよ。電話一本で住民票を移していた。そもそもパソコンもないし、住民基本台帳システム本体も動いていない。だから、その住民は、絶対間違いなくうちの住民だから住民票を移させてという話を相手の役場にして住民票を移してもらっていたんですよ。

ところがあとになって、住民票がなくなると困ることが起きてきた。東京電力からの賠償そのものは事故時に被災地域に居住していたことが立証できればよかったが、その他の支援や補助などは、住民票が被災地にあるかどうかで対応が分かれるものが少なくなかった。加えて4月22日に富岡町全域が警戒区域に指定されると、そこに住民票を移すことが禁じられたので、一度町外に移した住民票を戻すこともできなくなってしまった。そうすると、それまで住民票を移した人たちは、自分で好きで移したわけではないのに不利になってしまう。そこでさきほどのように苦労して避難先に移した住民票を職権でまた富岡町に戻すというようなことをしました。

写真 1-11　避難所（ビッグパレット）敷地内の仮役場で行われた政府関係者との会談（右側が富岡町町長と川内村村長

写真 1-12　避難所（ビッグパレット）で行われた保育所の修了式（5月21日）

■山口県庁の応援

そのころ、各避難所には福島県庁から職員が2人くらいずつ2泊3日で入ってきていました。でも、2泊3日って役に立たないんですよ。役場の職員が会議をしているときの留守番程度にしか役に立たない。その他、全国各地から応援職員にたくさん来てもらったのですが、みんな、1人か2人で来て2週間程度で帰る。そうすると仕事としては、名簿の整理などデータを処理するようなものは頼めるけれど、それ以外の業務は預けられない。最初のうちはそういう仕事でもよかったけれど、しだいに仮設住宅の整備などが始まってくると、あまり短いローテーションでは引き継ぎばかりになって仕事が進まないんですよ。

でも山口県庁は最初から十何人の組織体制で来てくれて、管理職の人が指揮をとってくれた。もし山口県庁がいなかったら、**みなし仮設**[32]や仮設住宅などの業務は回らなかったかもしれない。

何か月後かに山口県知事が来たんです。私や町長をはじめ多くの職員が「なぜ山口県庁さんが来てくれてたのかな?」と思っていたら、「富

32　仮設住宅を建設して避難者に入居してもらうのではなくて、既存の貸家やアパートを借り上げて仮設住宅と同等の扱いにする措置。大量の避難者が発生し、また全国各地に避難者が拡散したため、東日本大震災と原発災害では「みなし仮設」が多用された。

岡町に世話になったから」と言われた。「え？」「何で？」と驚きました。**戊辰戦争**[33]の時に山口県の岩国の鉄砲隊が太平洋岸から入って会津まで、戦闘を繰り返しながら進軍していったことがあります。戦争だからその途中で戦死者もでます。それをきちっと弔ってきた。１００年以上も前のことをあちらは知っていた。そういうことがあったので、誰が判断したのか分かりませんが、富岡町に行くとなって来てくれたらしい。

その他、応援職員は国からも内閣府や経産省などからきていました。**関西広域連合の対抗支援**[34]ということで福島県には京都府と滋賀県から来ていた。富岡町には彦根市がずっと派遣してくれたし、今でも付き合いがあります。最終的には応援職員の派遣だけで１００人近くいったかな。

■**金太郎飴の復興計画**

国や県庁からの派遣職員というのは情報をもっているので、総務課や企画課に配属されることが多い。あのころ国が**復興予算**[35]を配分する前提として各市町村に対して復興計画を提出させました。そうするとできあがった計画はどこの町も同じようなものになっているんです。つまり、復興計画を作成する担当者がどの町でも国から派遣されて総務課や企画課に配属された職員で、住民や地域の事情と関わりなく、国と接触しながら計画を策定していた。

その後も避難が長期化する中で、双葉郡の町村が集まって幹部職員の会議をやると、どの町も国や県庁から派遣された職員が多く、ある町はほとんどが派遣者とい

33　薩摩藩や長州藩などの西軍と幕府やそれを支える会津藩などの東軍が１８６４年から翌年にかけて16か月にわたり戦った内戦。一時、東北には奥羽越列藩同盟が成立し、ふたつの中央政権が並立した。勝利した西軍が「官軍」を僭称したため、「勝てば官軍」と揶揄する言葉が生まれた。

34　関西広域連合を構成する近畿圏の府県が分担して東北各地の県と1対1の関係を作り震災対応の支援に入ったこと。

35　震災直後、政府は東日本大震災の復興に要する経費を19兆円と見積もり、財政措置を考えた。詳細は第5章参照。

うこともありました。「地元の人がいないけれど大丈夫?」「誰が決めているの?」ということです。私たちであればたとえ町が違っていても、長年の仕事のつながりなどで知り合いが多いから、意見や立場が違っても、「分かった」「しょうがないな」という話になるわけですよ。たとえば、浪江町と富岡町の人口を足すと双葉郡の半分以上になるので、浪江町の意見について「しょうがねえな。今回は認めてやっから」と言えばだいたい通る。こちらが困ったときには逆もある。「おまえらのところも大変だけど、全体はこうだよね」とか、「落としどころはこの辺だな」とかあるじゃないですか。

写真 1-13　防護服を着用しての津波犠牲者に対する慰霊祭（7月7日）

でも国や県庁からの派遣職員ばかりの会議だとそれがうまくいかない。自分の町の主張ばかりする。さらにそこに副町長が入ってくると、震災後2年目くらいから副町長はほとんどが県庁から派遣された職員でしたから、副町長の出世競争の場になる。「あそこでやっているから、俺も負けないでやる」みたいな弊害が起こる。

ＮＧＯやＮＰＯの支援は初めのうちは少なかった。岩手県や宮城県の方には入ったんだけど、福島県には入ってきませんでした。5月になって、あるＮＧＯが「ノルウェー式の大型テントを2つ、どうですか」と来たのが初めて。それまでは**米軍の80キロ規制**[36]の影響もあって、福島を迂回し岩手、宮城に入っていた。ＮＰＯは住民の相談会などの支援をしてもらっています。町としては「**とみおか子ども未来ネットワーク**」[37]と関わっている。こうしたＮＰＯなどには町の推薦があれば補助金が取れるという場合には推薦もしました。そうすると１０００万円、２０００万円といった補助金が入ってくるので活動を続けられる。そういうお付き合いをさせていただいてます。大学からの支援も組織としてと言うよりは個別に先生が入ってくれた方が助かったりしました。

36　原発事故直後、アメリカ政府は福島第一原発から半径80キロ以内に滞在するアメリカ人に対して避難勧告を出した。

37　富岡町の住民による被災当事者のＮＰＯ法人。広域避難をした避難者たちをつなげて意見をまとめたり、避難中の子どもたちによって富岡町の長老などから町の歴史を聞き取るなどの活動をしている。

■議会をどのように開いていたのか

富岡町の避難は、クモの子を散らすようにブァーっと県内県外各地に広がっていった。葛尾村のように小規模な自治体であれば、バスで丸ごと避難するということもできましたが、富岡町は人口１万６０００人くらいで、そこから川内村へ着いた時には６０００人くらい、さらにビッグパレットに着いた時には２０００人くらいというように減っていった。大多数の人たちはそれぞれで伝手をたどったり、伝手がなければあてもないままに全国各地に散っていった。

議員も全国に散ったんですよ。ビッグパレットの避難者本隊には議員定数16のうち３人しか残らなかった。だからビッグパレットにいる避難者は「議員は何やってんだ」という話になる。

最初のうちは議員全員が集まることもできない。「１回集まりましょう」といって全員協議会を開いたのが、やっと４月末か５月。議場もないから避難所でもあるビッグパレットにパーテーションを区切って椅子を並べてやった。6月議会は三春町で議場を借りて、普通の定例会のやり方で開きました。中身は普通ではないですが、形式的には普通（笑）。

質問もありました。それはちゃんとやりました。通常は質問取りをして答弁案を係長や課長が手分けして書き、町長や幹部職員が実際に答弁するということになるのですが、そこらへんは適当にやっていたような気がします。実際の答弁はほとんどアドリブでした。そうしないとできなかったです。状況的にみて全部きちっとした理屈で動いているわけではないですから。議事録を見れば分かると思いますけど。

そのときに全町避難中の仮役場をどこに置くかという議論がありました。三春町は引き受けると言ってくれていた。新幹線から離れているが、三春町は便利なところですよ、寒いけど。だけど、2人の議員が「こんな田舎に来れっか」と発言したんですよ。三春町の町長と副町長は、「富岡町がここに来たいと言えば、俺らが世話すんだけど」ということだったので、そのことを町長と電話で話していたら、さきほど話したようにけんかになって、お互いに電話の受話器を投げあった。

三春町は学校の再編によって中学校の施設が空く予定になっていたので、近くの桜中学校を借りたかったのです。体育館もあるし、どうせ放っておくなら貸してねと言っていました。でも、さきほど話したように、役場を置くなら田舎の三春ではなく郡山にという議員2人の発言があって、後日、三春の学校再編後に三春町の議会筋から反対を受け、とうとう貸してもらえなかった。現在は三春町にある民間企業の事務所と工場を借りて、富岡町立の幼稚園と小中学校を開いています。独自に体育館も建てざるを得なくて、現在の仮校舎の近くに建設しました。

議会でやっていたのは一般質問と補正予算ばかり。会期ごとに補正を繰り返すので、補正の補正の補正という状態になってしまい、当初予算はどれだっけくらいの感じでした。当時、町長の7億円金庫事件というのが週刊誌などで叩かれていました。津波で町長の家の金庫が流されてそれを知り合いの業者に頼んで捜索させたらその中に7億円が入っていたという話です。一般質問はそういう問題をやっていました。「こんなこと、やってるとこでねえぞ」と思いましたが、役場職員が答弁案を作成するような内容ではないですよ。政策の問題ではなくて、町長派議員と反町長派議員との間のことですから。

■コールセンターの設置

仮設住宅の話が始まったのは5月で、最初に入居できたのは6月15日です。ただ今回は、「みなし仮設」という借上げのアパートや貸家が多くて、実際に仮設に入ったのは最大で住民の15％くらいの数字です。あとは、みなし仮設とか親戚とかで避難生活を続けた。県営住宅などの公営住宅に入った人もいます。

8月31日にビッグパレットの避難所の閉所式をやり、12月19日に郡山市の大槻というところに郡山市が持っていた土地を整地除染してプレハブで役場を建てて移りました。その前の11月には**コールセンター**[38]を作りました。職員は頑張っていた。でもひとつひとつの電話に対応していたのでは業務が進まない。そこで、マニュアルを作り、4000万円くらいをかけてコールセンターを設置した。マニュアルがあれば、コールセンターで対応できる部分があるじゃないですか。議会からは「何で職員が電話に出な

38　電話対応業務を専門に行う部門。サービス業や製造業などが、苦情、問い合わせ、注文受付などをすることが多いが、近年では自治体などもアウトソーシングの一環として活用する例がある。

いんだ」といわれる。「職員の声が聞きたかった」と。「そうですよね」と言いながら、絶対うんとは言わない（笑）。

本当に苦情を言う人はコールセンターを突破してくるし、職員の指名も入ってくる。長いときは電話で3時間30分しゃべりました。クレームの法則と勝手に私が名づけたのですが、30分の法則がある。普通の人は10分で苦情をだーっと言うんですよ。同じことを3回繰り返す。3回繰り返すと自分でも同じことを言っているのが分かるかどうかで態度が二つに分かれます。「いっぱい文句を言ったけど、おまえらも大変なところを頑張ってもらうから」というのと、「ばか、このやろう、死ねっ！」という二つです。

5　反省とこれから

■広域避難への対応

災害救助法制は直す必要がある。一般的には台風による水害などが想定されていると思いますが、災害が大規模化し、さらに原発災害のように避難が全国に広がると現状では対応できない。

今回は47都道府県に避難者がいて、しかも当初は7割が県外。たとえば、避難者の支援物資には、**日赤の6点セット**[39]などがあり、それ以外に布団や掃除機等々の救援物資も送ろうということになったのですが、福島県は県内の避難者だけに送るというんですよ。「ふざけんでねえ」「バラバラに外に出ても同じ富岡町の住民だぞ」と抗議して、10日くらい過ぎたら「いいということになりました」「当たり前だべ」と。ところが今度は送るのに送料だけで4億円から5億円がかかるんですよ。実際の品物は7億円から8億円なのに、送料だけで5億円近くもかかる。

あと私たちは早い時期から中越地震の時に設けられた復興基金のようなものが必要だと主張していた。うちの町長を通じて県庁に言っていたんですよ。でも、今の県知事の内堀さんがあのときは副知事で、彼は「絶対無理、だめだ」「あり得ないと思っています」という話でした。国に対して要請したくないだけではないのかと疑いました。あと、**セ**

39　被災した世帯に対して、日本赤十字社からの寄贈に基づき、生活家電セット（洗濯機、冷蔵庫、テレビ、炊飯器、電子レンジ、電気ポット）が送られる。

カンドタウンや二重の住民登録の話[40]もしていた。

当時の前線にいた管理職はほとんど機能していない。いろんな戦線に立っているので疲弊しているし、机上の決裁だけで住民と向き合う最前線の経験がないので、動かない管理職がいっぱい出てきた。「俺は分かんねえから」と言ってスーッと逃げていなくなっちまう。だから、下から、どんどん批判が上がってくる。一方、「これ大丈夫？」という職員が成長して、今では普通以上にやったりしている。人間の成長というのも見えるから面白いなあって。

写真 1-14　避難１年半経過後の民家内部（地震による雨漏りや動物たちの糞尿によって日々劣化する）

■経験の蓄積

初期対応には問題があったけれど、避難所運営は慣れてくる。２０１１年９月に福島県内で豪雨による水害がありました。車を流されたり、家を流されたり、避難者もいっぱい出たんです。そのときビッグパレットの避難所はもう閉鎖していたのですが、我々

40　1か所にまとまって従前のような地域的つながりを維持しながら避難生活をおくるために、一定の規模で旧来の町を再現しようとする動きをセカンドタウンと呼んだ。また避難先と避難元との二重生活を維持し、なおかつそれぞれの市民権（シチズンシップ）を確保するために、原発災害避難者については「二重の住民登録」制度を設けるべきという意見も多かった。詳細は今井照（２０１４）『自治体再建―原発避難と「移動する村」』筑摩書房、参照。

は仮役場を置いているのでまだビッグパレットにいました。

郡山市の災害なので、本来であれば郡山市役所の仕事なのですが、何かあるといけないから職員に待機させました。災害物資もまだありましたし。案の定、郡山市役所の職員が来て、その後に郡山市民が避難してきたんですよ。こちらはもう半年もやってきたので避難者対応もてきぱきとできた。郡山市役所職員は我々のことをビッグパレットの職員だと思ったらしいです。「ご苦労さまです。ありがとうございます」と名札を見たら、富岡町役場職員だと。電話対応も何もかも「僕ら、慣れてますから」というくらいでした。

ただ、初期の段階は慣れていないし、そこまで大きい災害は考えていないじゃないですか。

写真 1-15　2012 年・警戒区域の動物たち（エミュー）

写真 1-16　2012 年・警戒区域の動物たち（牛）

火事や水害でも、あくまでも町の一地区で起きていることですよね。そうすると、そこに人や物資などの資源を集中できるし、運営がよくなかったら職員も入れ替えたりもできる。今回のような大規模で広域の避難は電話も通じないし、指示もできないので現場ごとにしか判断できない。

災害対策基本法は今回の経験で一部手直しされたところがありますが、我々から見れば、たぶん回んねえだろうなっていうところはあります、そもそも災害救助法は、教訓があるのに改正さえ行われていない。市の一部とか、局部的なら対応できるかもしれませんが、全国に散らばったときには全然機能しないでしょう。もし我々であれば、もう一回あっても、今度は自信持ってできます（笑）。もう一回同じことあったら、もっとうまくやるよね（笑）。

■公務員を2回生きる

今は**自治体再建研究会**[41]に参加しています。避難が長期化すると双葉郡の市町村など消滅だなんて勝手に言っている人たちがいるけれど、消滅させせねえよと言ってやっている。「帰る・帰らない」の二者択一ではなくて、第3の道とか、「通い復興」とか、そういう提言をしています[42]。

富岡町も1Fに近いし、住宅除染をやっても線量は高い。農地を除

41　社会学者の故舩橋晴俊法政大学教授の呼びかけにより、行政学者や社会学者を中心に原発被災自治体の調査と研究をしている任意の研究会。

公刊されている報告書に、山下祐介・金井利之（２０１５）『地方創生の正体―なぜ地域政策は失敗するのか』筑摩書房、金井利之・今井照（２０１６、近刊）『原発被災地の復興シナリオ・プランニング』公人の友社、がある。

42　日本学術会議社会学委員会東日本大震災の被害構造と日本社会の再建の道を探る分科会『東日本大震災からの 復興政策改善について提言』（２０１４年9月25日）。日本学術会議東日本大震災復興支援委員会福島復興支援分科会『東京電力福島第一原子力発電所事故による長期避難者の暮らしと住まいの再建に関する提言』（２０１４年9月30日）。

いずれも日本学術会議のホームページからダウンロードができる。その他、今井（２０１４）、山下・金井（２０１５）、参照。

染しても耕作できるかどうかわからない。要は他では死にたくねえよという話です。学校だって小学生と中学生を合わせて１５００人の子どもがいたのが、いま開設されている富岡町立の学校には50人くらいだからね。もう5年もたつので、富岡町の学校にいなかった子どもが育ち始めている。医療機関も、前だったら病院もあったのにこれから整備しようとしているのは診療所レベルでしょう。店もコンビニ程度。帰れと言っても帰れない状況がある。じゃあ、今のまま過ごしていくかというと、いろんな制度の問題とかにぶつかるので住民票を移さざるを得ない。だから、二重の住所登録が可能になればいいなという話になってくる。

避難していていいことがあるかといえば、私が知る範囲ではあまりないです。ただ、住民にとっては、郡山市のような都会は便利だねという人はいる。子どもの教育環境としてもいいし、病院などは掃いて捨てるほどある。私もこの2年間、胃を３回も切ったけれど、病院には不自由しない。そういう意味ではいいんです。

ただ、そもそもみんな、ばらばらじゃないですか。コミュニティそのものが消失してるので、新しい近隣関係や地域関係をつくれる人はいいけれど、つくれない人もいっぱいいるんです。若い、年寄り、関係なく。今の状況で良かったことは、個人、自治体レベルではほとんどないと思います。

ただ、私は公務員人生を2回生きたと思っています。経験をいろいろさせてもらったし、全然違う仕事をやっているじゃないですか。それを生きがいと感じるかどうか分からないし、どんどん心身が消耗していく職員もいます。でも、２回公務員をやったと思えば、楽しい経験とは言えないが、それは面白い。ちょっとつらいですけど充実しています。

■公務員って役に立つね

細かい失敗はいっぱいありましたが、大きな意味で言えば、やはり企画課で復興計画の改訂をしたときに、国や県庁とのかかわりの中で、住民の意向を的確に反映させることができなかった。計画策定のプロセスの中で国や県庁と折衝していくと「本当は住民としてどうしたい」という意見がだんだん消されていくんですよね。今後10年20年をどうしてくのかというのを住民が考える機会を作れない。作ったとしても計画に反映させることができない。国や県庁とのこれまでの関係を前提とすればしかたないかもしれないですが、やはり本当にこれでいいのかと思っています。

何かと言えば、国も県庁もそうだし、私もそうですけれど、法律にないからできないと言って自分で思考を止めてしまうことがある。その方が楽な場合もあるんだよね。逃げられるから。新しく作ったり、変えてくのが仕事でしょう。それを考えなかったら仕事にならないし、国や県庁との関係では楽かもしれないけど何も変わらない。

条例にこう書いてあるからと、いまだに言う職員がいる。確かに書いてはあるけれど、「それなら条例を変えっぺ」とすぐ言うんです。だって、変えざるを得ないでしょう。今の状況なんか想定されていない。多くの法律も想定していない。条例とか法律とかって言っていたら仕事にならない。そういう考えはやめようって。

当初はもっと悲惨な状況でしたが、最初からできないとか、やらないとかはやめましょうと言っていました。できない困難であれば、できるように考えて何が障害なのか考えましょうという話です。もっと格好いいことを言えば、こんなときくらいは公務員って役に立つねという気持ちで気軽に頑張ろう、という話はしました。ちょっと格好良すぎるかもしれないけれど。

＊本章は菅野利行さんのお話を今井照（福島大学）がまとめ、さらに脚注を付けたものであり、事実関係や認識の誤認を含めて一切の文責は今井にあります。

第２章

分断自治体のリアル

庄子　まゆみ（南相馬市）

1　南相馬市とその被災概要

■平成の大合併で誕生した自治体

南相馬市は、２００６年1月1日に小高町、鹿島町、原町市の1市2町が合併して誕生した[1]。合併の方式は、新設合併で、面積は３９８・5平方キロ、合併時の人口は、7万３７２２人だった。

南相馬市は、新市・合併の理念のひとつに、「それぞれの地域の主体性を尊重する地域分権・分散型の合併」を掲げ、３市町ごとに**地域自治区**[2]（小高区、鹿島区、原町区）を設けた。行政機構は、旧原町市役所を本庁とし、地域自治区の事務所として小高区役所、鹿島区役所、原町区役所（本庁内）を設置した[3]。初代南相馬市長は、原町市長が選挙で当選し、小高区長及び鹿島区長には、それぞれの旧町長を任命した。

合併協定項目の中に、「原子力発電所及び電源振興の取扱い」がある。小高町には、南に隣接する浪江町との間に立地する東北電力浪江・小高原子力発電所建設計画があった。東北電力は１９６８年1月に建設計画を公表し、１９７３年9月に小高町議会が原子力発電所誘致に関する決議案を可決している[4]。合併協議では、浪江・小高原発建設計画への反対意見が出されたものの、合意された内容は、

「1　電源立地計画については、現行のとおり引き継ぐこととし、電力需要及び社会

1　２００４年2月13日に、飯舘村、小高町、鹿島町、原町市の4市町村議会で南相馬合併協議会の設置を可決し、合併協議を進めた。２００４年11月15日に飯舘村が脱退し、残る3市町で協議を重ね、２００５年2月26日に合併協定調印式が行われた。

2　地方自治法第２０２条の4第1項に基づく設置

3　地方自治法第２０２条の4第2項に基づく設置

4　小高町議会（１９８３）『小高町議会史年表』

環境の変化を踏まえ、地域住民の安全確保と環境保全に最大限留意しながら関係機関と調整のうえ検討していきます」[5]というものであった。東北電力は、東京電力福島第一原子力発電所事故後の２０１３年３月28日に、浪江・小高原発建設計画の取り止めを公表している。

南相馬市が、合併前の市町を区域とした地域自治区を導入し、それを尊重する理念を掲げたことと、合併協議の中で浪江・小高原発建設計画への対応を先送りにしたことは、東日本大震災及び福島原発事故により市民と自治体運営に大きな影響を及ぼすことになった。

■東日本大震災の被害

津波被害面積は40・８平方キロ[6]で、東京都千代田区、同中央区、同港区を合計した面積とほぼ同じである。その他、南相馬市の人的被害、住家被害、農地被害は、**図表２―１**から**２―３**までのとおりとなっている。

死亡者の中には、消防団

図表 2-1　人的被害（2016 年 7 月 29 日現在）

死亡 （うち震災関連死[7]）	1,122 人 （486 人）
重傷者	2 人
軽症者	57 人

（参考：2011 年 3 月 11 日人口　71,561 人）
〔出所〕第 328 回南相馬市災害対策本部会議（2016 年 8 月 3 日開催）

図表 2-2　住家被害（2016 年 7 月 20 日現在）

区　分	棟・世帯数	区　分	棟・世帯数
全　壊	2,323 棟	一部損壊	3,695 棟
	1,277 世帯		2,657 世帯
大規模半　壊	296 棟	床上浸水	999 棟
	177 世帯		249 世帯
半　壊	2,093 棟	床下浸水	306 棟
	1,160 世帯		108 世帯

（参考：2011 年 3 月 11 日世帯数　23,898 世帯）
〔出所〕図表 2-1 と同じ

5　南相馬合併協議会（２００５）『南相馬合併協議会報告書』

6　南相馬市（２０１１）『南相馬市復興計画』

7　南相馬市災害弔慰金支給審査委員会において、震災と相当な因果関係があると認定された死者。

員が9人、市職員が3人いた。市職員の2人は公務中に、1人は休暇中に津波に遭遇した。3月11日は福島県内の中学校の卒業式の日で、午前中、お子さんの卒業式に家族と出席し、午後、沿岸部にある自宅に帰ろうとした途中だった。遺体は、車の中で家族とともに発見された。

両親とも亡くなった震災孤児は4人、両親のどちらかが亡くなった震災遺児が68人いた。これらの子どもたちを、私たち大人が見守っていかなければいけないと、当時強く思った。介護老人保健施設ヨッシーランドでは、利用者及び職員約200人のうち36人が津波被害で亡くなった。

写真 2-1　被災した介護老人保健施設ヨッシ—ランド

写真 2-2　冠水した沿岸部の農地

沿岸部に田畑が広がっていたため、市全体の3割以上の耕地を失った。これは、南相馬市のこれからの産業としても、また、自家野菜を楽しむ市民の暮らしにとっても大きな被害であった。

図表 2-3　農地被害

耕地面積（2010 年度）	農地流出・完水等		推定面積の田畑別内訳の試算	
	被害推定面積	被害面積率（%）	田耕地面積	畑耕地面積
8,400ha	2,722ha	32.4	2,642ha	80ha

〔出所〕農林水産省統計部農村振興局『東日本大震災（津波）による農地の推定被害面積』（2011 年 3 月 29 日）

その夏に来た災害ボランティアが、遠くから田んぼを見て、「あ、ちゃんと田んぼが作れているのね」と言っていたが、実は近くで見ると、すべて雑草だった。農家の心痛は想像以上で、津波で塩害を受けたうえに、放射能の問題もあって、目の前に広がる田んぼに何も植えられない。耕作できない農地を毎日見ているのがどれほどつらいか、その心情は察するに余りあった。

　地震や津波による停電は市内の一部で発生したが、大部分の世帯では影響がなかった。また、都市ガスや水道も同様であった。

写真 2-3　津波被害の家屋

写真 2-4　真野小学校校庭に流された漁船

写真 2-5　地震被害の商店

2　発災時の混乱と職員

■発災時の様子

3月11日の14時46分に観測された揺れは、小高区・鹿島区・原町区高見町で震度6弱、原町区本町・原町区三島町で震度5強であった。私の勤務場所の市役所は、原町区本町に所在しているので、震度5強の揺れであった。この日は、市議会3月定例会の一般質問があり、私は4階の議場の外側にいた。地震が起きたときは、下からゴーッと突き上げるようなものすごい地鳴りが数秒続き、縦揺れがあって、次に横揺れ、縦揺れ、横揺れという感じだった。大きな揺れが長く続き、立っているのが難しい状況だった。目の前に鉄の防火扉が開いてきて、それを押し戻すのに精いっぱいだった。幸い市役所庁舎は、2008年度に耐震工事を終了しており、庁舎に大きな被害はなかった。

私の職場である市民課は、庁舎の1階にあり、4階から一段一段はいずるようにして階段を下りて市民課にようやくたどり着くと、私の机の上に積んであった書類もコーヒーカップも吹っ飛んで、パソコンだけ残っていた。机の周りには、いろいろなものが棚から落ちて散乱していた。

市民課は、住民票の交付や国民健康保険の手続きを行う課で、3月〜4月は来庁者が多い。この日も多くの市民が手続きに来ていた。まず、職員に対して一旦業務を中止し、市民に一時庁舎から出ていただくよう指示した。また、市民課は個人情報を大量に預かる職場なので、個人情報の管理、保全の指示を出して、職員も全員、一時庁舎の前庭に避難をした。

揺れが少し治まると職員は庁舎に戻って、サーバーの状況を確認したり、また大きな揺れが来ると庁舎外に避難するということを、何回か繰り返した。地震から3分後、14時49分には大津波警報が出ていたようだが、私たちは気がつかなかった。発災当日から2週間くらい、電話もインターネットの回線もつながりづらい状況になり、テレビの情報が頼りだった。津波の状況も、市民課ホールの大きなテレビで見て、「ああ、こうなっているんだ」というのが私たちの主な情報源だった。

写真 2-6　庁舎を出て様子を見る職員

写真 2-7　市役所前庭で立ちながら行われた第１回南相馬市災害対策本部会議

15時に市長を本部長とする南相馬市災害対策本部が設置された。会議は、市役所前庭において、立ち会議形式で、情報収集の指示が出された。その対策本部の指示を受けて、建設部の職員が津波のパトロールや道路の状況を確認しに出かけたり、それぞれの役割の中で食糧や毛布の調達、避難所の設置準備などをしていった。

地震があってから情報があまり得られなかったので、どの程度の津波が来ているのか全く分からない状況だった。しかし、次第に市民課ホールのテレビには、津波の状況が映し出され、見たこともない濁流が街をどんどん侵食していく様子に、多くの職員は茫然となった。そして、テレビのテロップに、介護老人保健施設ヨッシーランドで死亡者が確認されたという情報が流れ、これから大きな災害の対応に迫られることになるのを実感しつつあった。

津波は予想以上に速く、引いてはさらにまた大きな津波がきた。パトロールに行った職員のうち2名が帰庁しないとの情報が入り、市民課職員の中にも、家族に連絡が取れない人がいた。徐々に沿岸部の被害の情報が入り、壊滅的な地域がありそうだということが伝わった。市民課の職員は、家族などの安否や自宅の被災状況が確認できないもどかしさの中、市民課の業務と新たに追加された災害業務をこなしていった。

■3月11日災害対応

3月11日は、津波被害への対応に追われた。16時30分開催の第3回市災害対策本部会議で、避難所の早期開設の指示が出された。同時に、防災行政無線で市民に食糧や毛布をあるだけ市役所に持ってきてくれと呼びかけた。南相馬市に災害物資の備蓄はなかった。市民は協力的で、ちょうど夕飯用のご飯をたいていた人はおにぎりにして届け、パンとか毛布とか、あっという間に市役所の玄関先いっぱいに集まった。夜の23時ぐらいまでかかって、約600人の食糧や毛布を各避難所に届けた。

災害のとき、自治体の職員はいろいろな役割を持っている。分厚い地域防災計画を見て自分の役割を確認して業務につくわけだが、私も含めてほとんどの職員は、災害時自分は何をするのかというシミュレーションをしていない。また、各課から数人しか参加しない防災訓練では、災害業務を把握しきれない。

私は、管理職になってからは、人事異動の度に自分の役割を確認していた。市民課の初動対応期(概ね３日間)の災害時業務は、「食料品類及び生活必需品等の確保・調達及び配給に関すること」「市民からの問い合わせ等に関すること」など8項目と認識していたが、どう具体的に動くかを確認していなかった。棚から落ちた地域防災計画を読んでも、具体的なことは書かれていなかった。

発災当日、被災を免れた市民は協力的で、多くの物資を提供してくれた。とりあえずの食糧はある。市民に感謝しつつ、こんなに市民が助けてくれるのだったら食糧班として明日以降もなんとか私はやっていけるという確信を持った。

21時頃、避難所への食糧の配給が終わり、翌朝の食糧供給の準備に取りかかった。お店はもう閉まっていた時間で、コンビニに電話しても必要なおにぎりを調達できなかっ

写真 2-8　市役所に支援物資を持ってくる市民

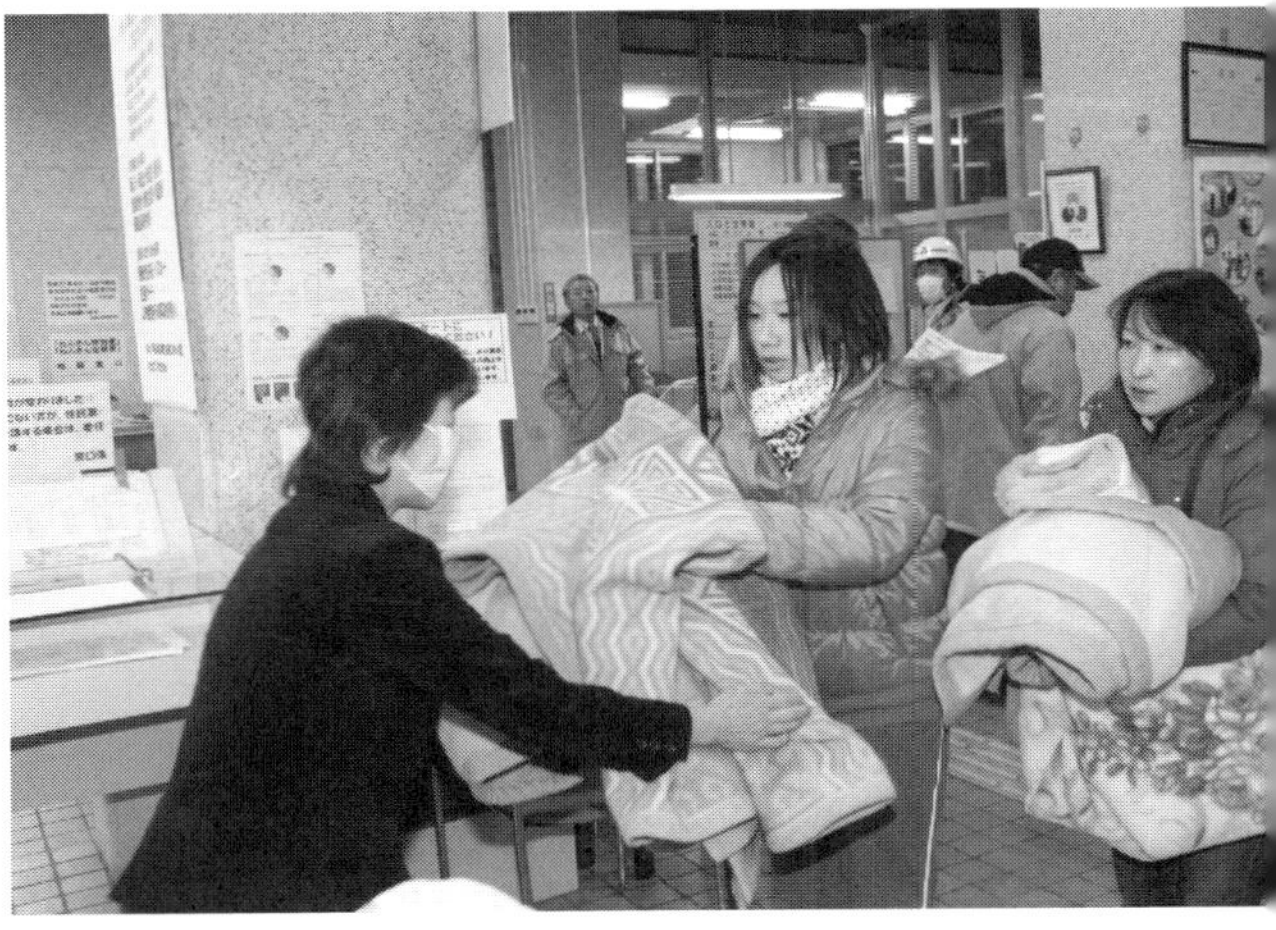

たので、津波被害がないと思われる中通り（福島県の内陸部）の市町村に、夜中に電話をかけ続けた。まず、南相馬市の西に隣接する飯舘村の総務課長に電話をして、食糧の提供のお願いしたら、水道が駄目だけれども、女性消防隊を動員してなんとかするからと言っていただき、次の日、届けていただいた。

福島地方広域行政圏（県北地方の市町村で構成）とは、**災害時相互応援協定**[8]を締結していたことから、川俣町や福島市などに期待をして電話をしたが、予想外にインフラが機能していない状況だった。新幹線も止まり、高速道路も止まり、ガスも水道も被害を受けて、申しわけないけど、そちらまで支援できる状態ではないと断られた。当時、テレビでは沿岸部の津波被害の映像しか報道されていなかった。ここで初めて私は、今回の震災が内陸まで大きな被害が及んでいることを知った。その日は、もう打つ手がないとして、余震が続く中、自席の机の上に顔を伏せて仮眠し、朝を待った。

■原発事故と続々と発表される避難指示

3月12日、朝の5時ぐらいから市内のお弁当屋さん、仕出し屋さんに電話をかけ続けた。結局、朝とお昼の間の時間になって、なんとか避難者それぞれに1食分を確保し、市内の避難所の約６００人に届けることができた。また、市内のスーパーマーケットや商店が、小学校体育館などの避難所に自主的に食料品を提供していたということを、後日知った。市民や事業者は、個々に積極的に動いた。

5時44分に10キロ圏内の住民に避難指示が出て、該当する地域の大熊町、双葉町、

8　１９９７年に、福島地方広域行政圏、仙南地域広域行政圏、相馬地方広域市町村圏、亘理・名取広域行政圏、置賜広域行政圏の５広域圏構成44市町村が、「福島・宮城・山形広域圏災害時相互応援協定書」を締結した。このほか、南相馬市は、「相馬地方市町村消防団相互応援協定書」、浪江町との「災害時における相互応援協定書」、南相馬アマチュア無線クラブとの「災害非常無線通信の協力に関する協定」、南相馬市原町建設業組合との「災害復旧の協力に関する協定」など、20の災害に関する協定を締結していた（２０１１年3月11日時点）。大震災後、新たに富山県南砺市など14自治体と協定を締結した。

図表 2-4　南相馬市の避難指示区分

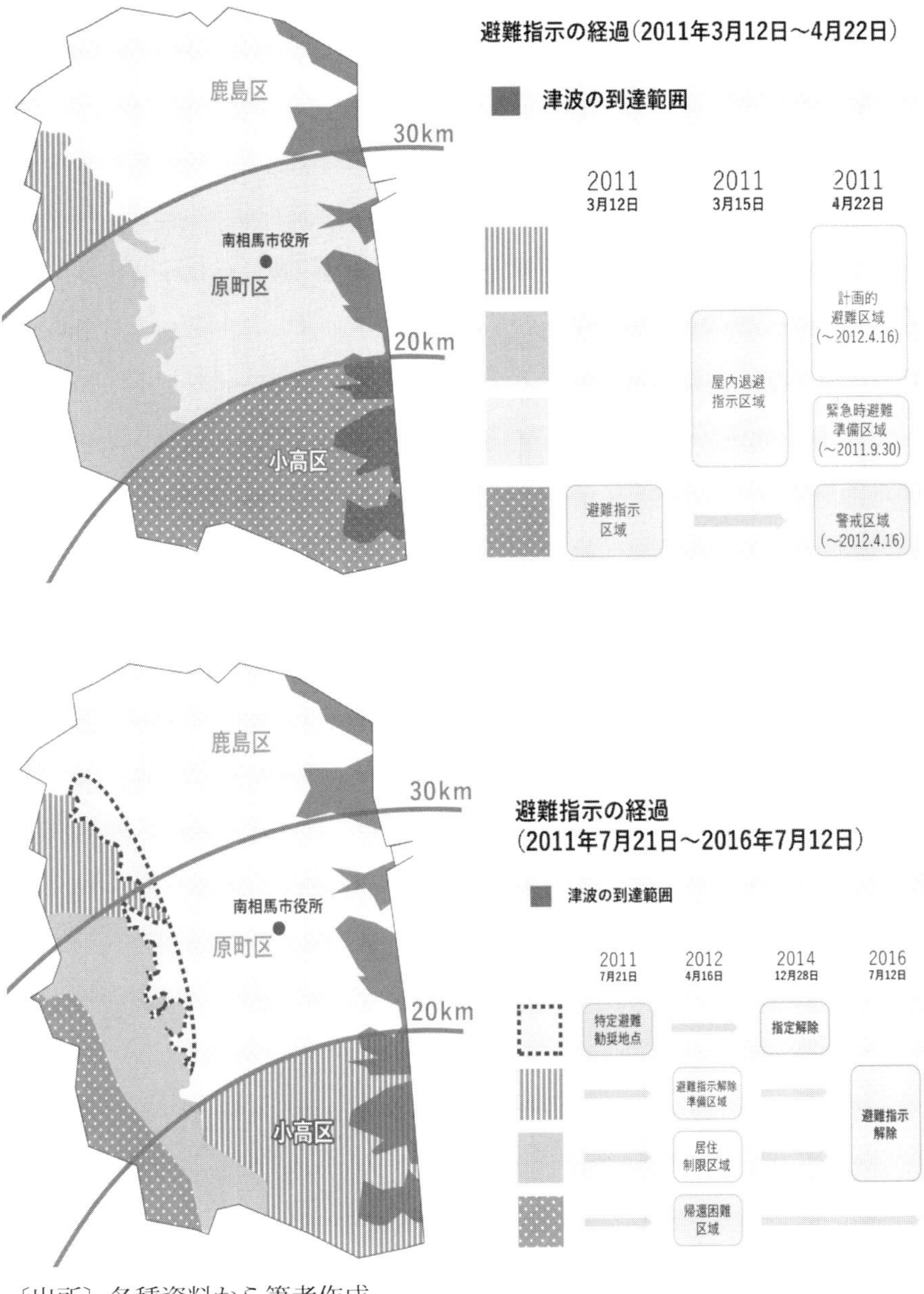

〔出所〕各種資料から筆者作成

浪江町などの人たちが四方に拡散し、南相馬市の避難所に入ってきた。南相馬市中心部は、福島第一原子力発電所から北に25キロしか離れていない。市民の不安も、高まった。市内には、原子力発電所関連の仕事をしている市民がいる。それらが、家族や友人へ原発事故が厳しい状態だから避難したほうがいいというメールを送り、自主避難をする市民も出てきた。

この時点では、南相馬市内には避難区域の指示はなかったが、さらにその日の18時25分、福島第一原子力発電所から20キロ圏内に避難指示区域が拡大した。南相馬市の南部にある小高区は20キロ圏内に入っており、市の中心部に避難してくる人が増えた。南から北に向かう車の列は、何キロも続いた。

福島原発事故の状況はどんどん悪くなっていき、15日には20キロ以上30キロ圏内に屋内退避指示が出された。

■食糧供給の困難

福島原発事故が発生してからは、市内への物流が停止するとともに、事業所の閉鎖が始まり、食糧や医薬品などを避難所や市民に提供することが難しくなった。また、市民の市外への避難が始まって、市民の応援をもらえない状況になり、職員による炊き出しのおにぎりや、スーパーマーケットが事業所を休止する際に提供していただいた食料品で乗り切るしかなかった。3月11日の時点では、明日以降も市民の協力でこの災害を乗り切れると思っていたのが、福島原発事故によって、行政の力で対応せざるを得なかった。

市役所の地下にある食堂の厨房に女性職員を総動員して、職員による炊き出しを始めた。12日以降、コンビニや普通のお店はもちろん、お米屋さんも閉まってしまう。学校に保存していた米を全部集めても足りない。ＪＡには収穫した米を共同で保管するカントリーエレベーターという施設があって、そこに米がいっぱいあるのは分かっていたが、ＪＡ職員も避難していて連絡がつかない。市災害対策本部会議にその報告をし、やっとつてを頼ってカントリーエレベーターを開けてもらって、米を市役所に運んで炊き出しをした。

炊飯器も足りなくて、家から持ってこれる職員には持ってきてもらい、各課のコンセントを使って炊いていたら、炊飯器は熱量が大きいので、一斉に炊くとブレーカーが落ちてしまった。おにぎりを包むラップ、塩、手袋、おにぎりを入れて運ぶ発砲スチロールの箱など、不足するものばかりだった。

避難所には最も多いときで約８０００人がいたが、職員30人ほどで1日かけておにぎり３０００個作るのが精一杯だった。女性職員の手の平は、熱いご飯を握って真っ赤になり、腕は重くなった。避難所からは、追加の催促が来るたび、市災害対策本部に食糧供給の窮状と限界を報告し続けた。

津波被害による多くの死亡者が出た鹿島区は、避難指示区域ではなかった。市民は、津波被害で家屋を失った人たちのために、米や野菜を持ち寄り炊き出しをした。農家で

写真 2-9　女性職員による炊き出し

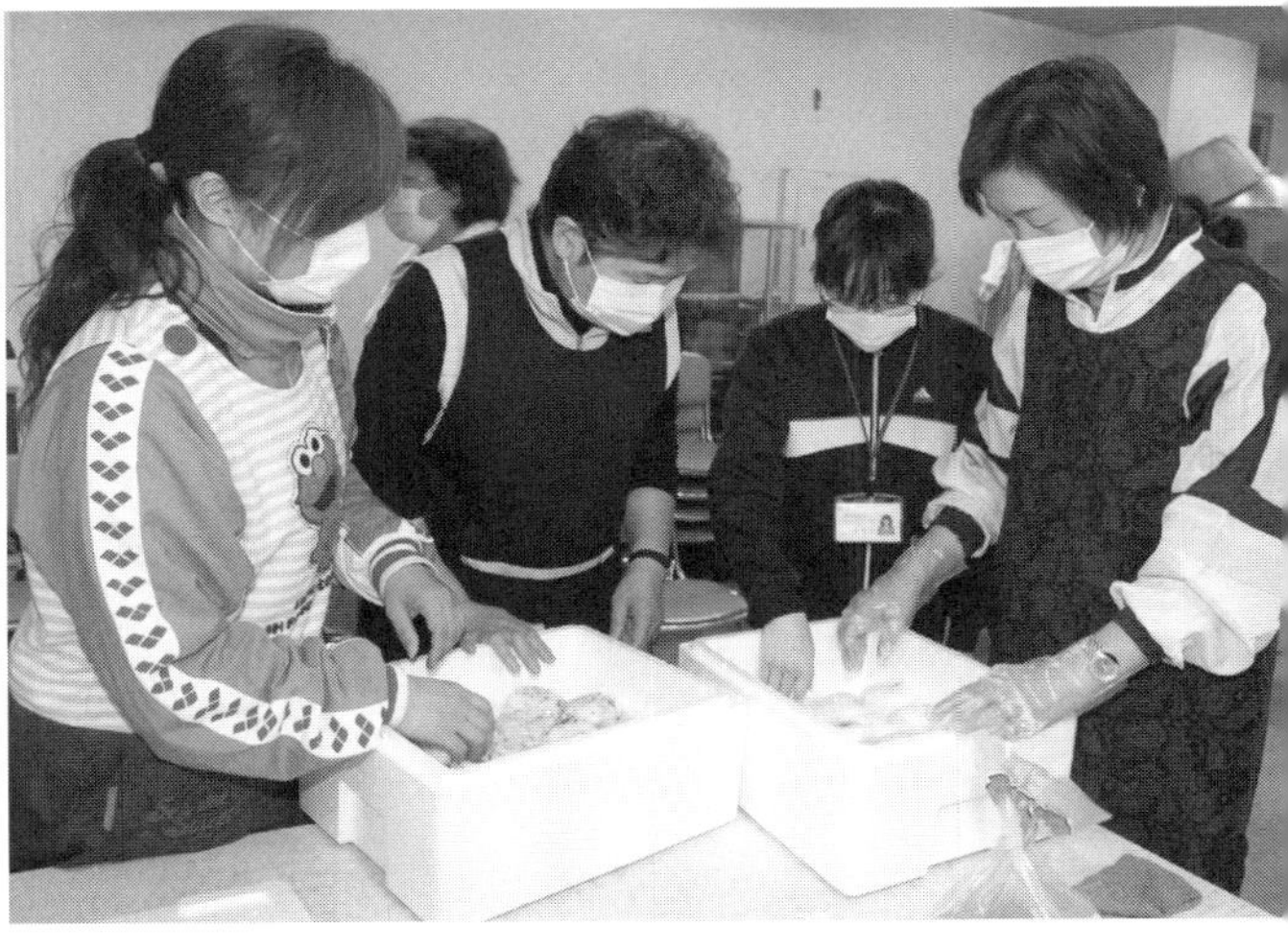

は、備えとして2年分くらいの米を保管しているところもある。それを地域のために提供した農家もあった。市民の中には、鹿島区に行くと、温かいものが食べられるという噂がたった。鹿島区には旧鹿島町以来の地域ぐるみの協力体制があり、市民も炊き出しを行った。

市災害対策本部では、県に食糧配送を依頼をすると、「分かりました。持っていきます。ただし、屋内退避指示が出ている南相馬市に入る物流業者がいない。30キロ先の川俣町まで取りに来てください。」と言われて、公用車のバスと1・5トントラックで受け取りに行ったが、半分も持ち帰ることはできなかった。なぜ、県は自ら運んでくれなかったのか。孤立している県民がそこにいるのにと、拳を握り締めた記憶がある。自衛隊も最初は運んでくれなかったが、ようやく19日ごろからが少しずつ運んでくれるようになった。

1日に一人おにぎり1個しか出せなかったときもあった。1食分出したら、次どうしよう、次どうしようと頭を抱えた日が、7日くらい続いた。避難所には、おにぎり、菓子パン、カップラーメンなどを混在して届けざるを得なかったが、避難所からは、これを上手く配布するのは難しいから同じものを届けてくれという注文も来た。避難所の担当職員も、食糧の配布では、とても苦労していたが、そんな余裕がなかった。子どもを連れた母親が避難途中なので食糧を欲しいと来庁したことがあった。私に配られた

写真 2-10　小学校体育館の避難所

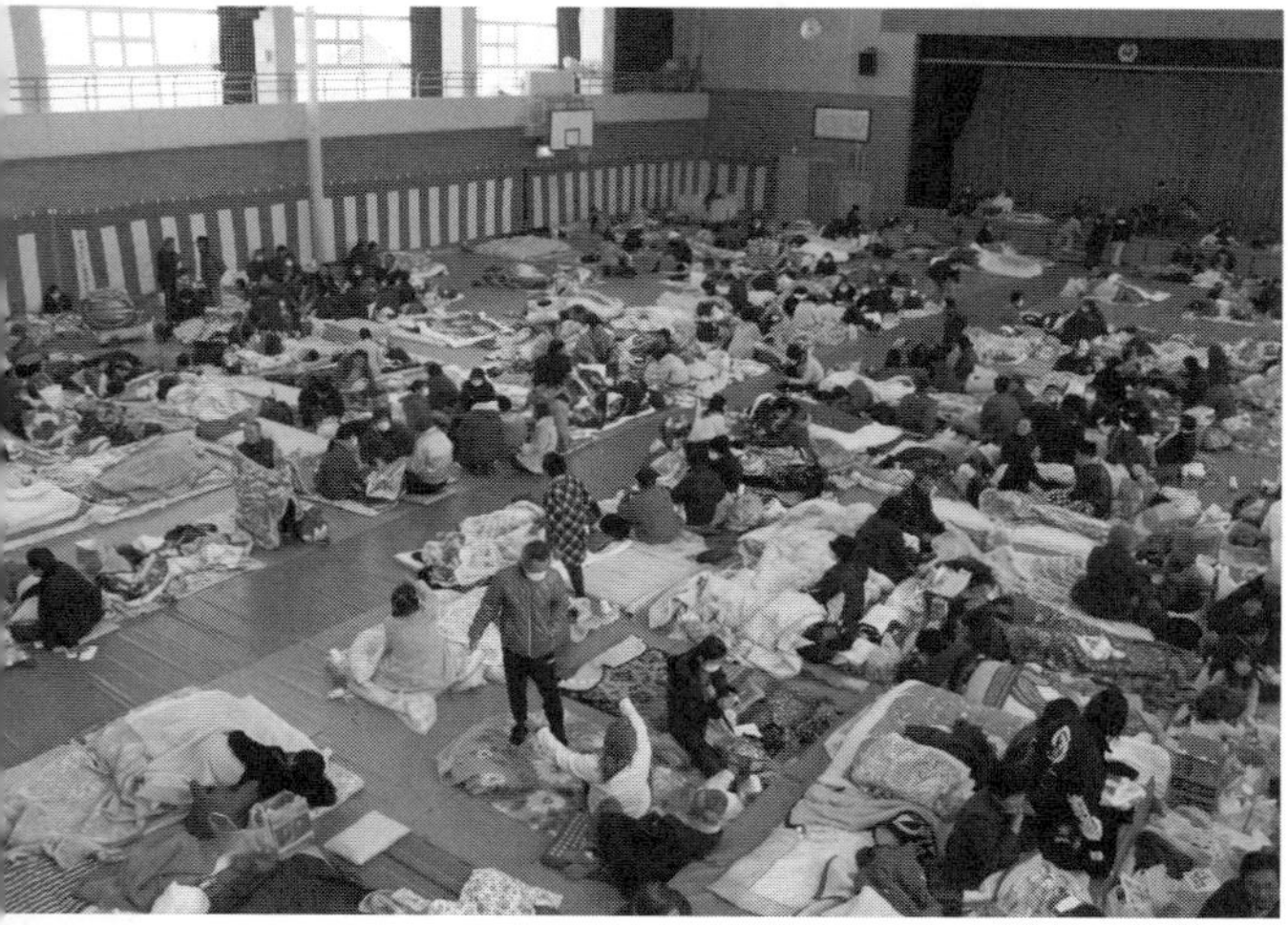

おにぎり1個と机の中にあったお菓子を渡したこともあった。

食糧・物資班は、３月下旬から経済部が業務を引き受けてくれた。市民課は、６００人を超える死亡届と、国民健康保険の業務などが忙しくなり、地域防災計画で定められていた災害業務との並行業務が難しくなった。これは、当時の経済部長が、部内職員の反対を押しての英断だった。経済部は農政課、商工労政課、観光交流課を所管しており、市内事業者の情報を持っていた。また、屋内退避指示が出されている期間は、南相馬市へ物流業者が入ることができない状況を踏まえ、隣接する相馬市は避難指示区域ではないことから、そこに南相馬市の支援物資を集荷する倉庫を借り、そこから市内に支援物資を運んだ。市民課の対応より、豊富な情報量で機動力を発揮した対応だった。

■生活物資の配給

３月15日、福島第一原子力発電所半径20キロから30キロの間に屋内退避指示が出された。避難所の他に自宅で屋内退避をしている市民がいたが、その人数は正確には把握できなかった。推定で1万人とも言われたが、その市民への食糧や生活物資の配給が課題になった。当時、ガソリンスタンドが休業になり、相馬市などに買い出しにも行けずにいる人の救済や高齢者などの所在把握も兼ねて、３月下旬に小学校体育館などで食糧や生活物資を配布した。

南相馬市地域防災計画では、物資保管場所として市役所庁舎から約３００メートル離れた小川町体育館を指定している。地震発生後、市役所庁舎1階とその体育館に災害物資を保管していたが、市役所庁舎の災害物資を黙って持っていく人が出てきたのと、多くの市民が市役所へ食糧の配給を受けにきて混乱したため、小川町体育館に集約してそこから避難所や市民に配給していた。小川町体育館は、市役所とのネットワーク回線がなく、携帯電話がつながりにくい中で、自転車を使って往復しながら、避難所への物資の配給の連絡をしていた。

福島原発事故後、長期にわたり非常時化すると考え、保健師や保育士の専門職に、今後必要となると思われる紙おむつ、粉ミルク、医薬品などを市内でかき集めてもらった。財政課からは、「こんなに買い込んで無駄になったらどうするんだ」と言われたが、市内への物流がいつ再開するのか見通しの立たない中で、専門職であり育児の経験のある女性職員を頼った。

■市民課ホールの様子

市役所庁舎の正面玄関を入ると、つきあたりに市民課カウンターがあり、当時、右手には、「すぐにやります課」のカウンターがあった。すぐにやります課は、２０１０年1月に就任した桜井市長の公約で創設された課で、主に広聴と広報を担当していた。

３月11日の夜以降、家族や知人の安否の手掛かりや福島原発事故の情報などを得るために多くの市民や他の自治体から来た人で溢れ返っていた。すぐにやります課では、多くの記録写真を撮るとともに、ホールに安否伝言板を設置した。また、市民課では、亡くなった方のお名前も掲示した。本来であれば、死亡者リストは個人情報として問題があるのかもしれないが、家族や友人を探している人の気持ちと大震災の現状を知らせる使命があると考えた。３月12日に1号機が水素爆発をしても、遠方から来て、夜遅くまで家族の消息を探す姿が市民課ホールにあった。

３月24日から、すぐにやります課では、３月23日開催第44回市災害対策本部会議の決定に基づき、被災証明書の交付が始まった。被災証明書の対象は、３月11日時点で住民基本台帳登録者と生活実態のある人とした。被災証明書は津波災害で身分証明書を失った市民や、原発事故により着の身着のまま県外などに避難した市民から、何をするにしても必要な身分を証明するものを交付してほしいという要望が多くなったことから交付することになった。遠距離の避難者には、電話やファックスでも申請を受け付け、市からファックスでも送付した。

ＮＥＸＣＯ東日本（東日本高速道路株式会社）は、６月20日から東日本大震災による被災者支援として東北地方を発着する被災者などを対象に高速道路通行料を無料化したが、その際にも被災証明書の提示が必要とされ、申請をする市民でホールは混雑した。被災証明書は、市町村によっては被害状況などの審査を要して混乱を招いたとの報道もあったが、南相馬市では、全市民を被災者と位置付けた。災害時において、自治体の判断次第で市民の利益を守れることが多い。

４月16日には、突然、住民票の交付を求める市民が大勢来庁した。交付申請者に住民票の用途を聞くと、東京電力株式会社からの賠償金の請求に必要だということであった。「なんだ、役所の職員が知らないのか」と呆れられた。

写真 2-11　混雑する市民課ホール

新聞は、4月22日まで30キロ圏内には、配達にならなかった。福島県の地元紙を避難指示区域外の鹿島区に毎朝受け取りに行って、市役所庁舎で無料配布していた。この日の福島民報の1面には、「原発事故賠償金　仮払い1世帯100万円」の見出しが出ていて、申請書の添付資料として住民票の写しが必要だとあった。しかし、市災害対策本部では、そのような情報はなく、損害賠償仮払い申請書がいつ配布されるのかもわからないまま、住民票交付申請をする市民は、日を追うごとに増えていった。わざわざ、避難先の県外から来る人もあった。朝6時30分には30人くらい申請者が並び、通常の30倍を交付した日もあった。私も含め職員は、8時間立ちっぱなしで、トイレにも行けず、食事も取れない状況の日が続いた。職員には、誤交付をしないよう確認の徹底をしてもらった。

市民課ホールは、家族や友人の安否を尋ねる人、家族などの死亡を届け出る人、被災証明を申請する人、原発事故賠償仮払い申請に添付する住民票を申請する人、国民健康保険証の再交付申請をする人、やり場のない怒りをぶつける人、様々な相談をする人など、毎日騒然としていた。

■不安と苦悩と疲労の同僚

3月12日の1号機の水素爆発以来、福島原発事故の状況は厳しくなっていったが、ほとんど放射線の知識のない職員が多く、漠然と危険な事態なのかと認識していた。14日の21時40分頃、市役所に突然自衛隊員が入ってきて、「非常に危険な状態だから、100キロ圏外に出てください」と叫びながら庁舎を回ったので、職員は驚き動揺が広がった。

市災害対策本部は、県に確認するもそのような指示は出ていないとのことだった。その後、隊列を組んで福島市方面に引き揚げていく自衛隊の姿を見て、福島原発事故の実態は相当厳しいに違いないと、体から血が引く思いだった。

私は市民課の職員に対して「原発が厳しい状況のようだから、今後どうなるか分からない。家に帰れる保証もない。とにかく１回帰って、家族を避難させるなり、長期戦に備えた準備をしてきてくれ」という話をして帰宅させた。

私自身も、22時過ぎに家に帰って、寝ていた両親を起こし、普段飲んでいた薬と、あるだけの現金と預金通帳と印鑑だけを持たせ、宮城県境の妹の嫁ぎ先に向かった。妹には「もうどうなるか分からない。具合が悪くなったり、なんかあっても連絡しなくてもいいから」と言って、とにかく親を預けすぐに職場に戻った。職員の中には、一晩で郡山市まで家族を送って戻ってきたり、新潟県まで家族を避難させて、なかなか戻って来ることができない職員もいた。私たち職員も被災者だった。しかし、市職員でもあった。

自宅が避難指示区域になったり、家族を避難させて誰もいない自宅に帰ることが不安な女性職員は、市役所に寝泊まりした。女性職員は、いずれも化粧をする時間もなく、あるいは化粧することも忘れ、素顔にマスクという日々だった。５月になって市民課の女性職員が化粧をし始めた時は、なぜか嬉しくなった。

また、小さい子どもをもつ職員は、子どもを避難させている人が多く、子どもから「会いたい」のメールや電話が来るたびに、苦悩していた。中には、子どもと離れての業務継続を断念して、早期退職をした職員もいた。

職員は、緊迫した災害業務を行うなかで、職員、女性、親、上司などの立場の中で、不安と苦悩と疲労が重くのしかかっていた。管理職として、職員の健康が一番気がかりだった。それで3月下旬になると、朝早く自宅でつくった寸胴鍋の味噌汁を市民課に運んで、職員に飲んでもらった。具はほとんど入っていなかったが、温かい味噌汁を飲んで、落ち着きを取り戻してほしかったし、何より私自身が冷静になりたかった。当時の私は、立って大声で話し、いつも走っていた。走るたびに、先ほどまで話をしていた内容を忘れた。一日何回も「今日は何日？」と聞くので、職員から「いい加減にしてください。」と叱られた。

■長引く災害業務を乗り越える職員像

「どうすれば、災害業務を円滑に遂行できるのか？」と、大震災以降質問を受けることが度々あった。地域防災計画を詳細に作成すればいいのか。防災訓練を充実させればいいのか。

できる限りの想定をして地域防災計画を策定することや、毎年地域住民の協力を得て大規模に防災訓練を実施することも必要だろう。しかし、災害業務は、いつも想定しない事態が生じる。職員は、災害対策本部の指揮の下に活動するが、すべてを上司に指示を仰ぐ暇がない場合が多い。その時、何を一番に考え柔軟に判断できる職員がいるかに尽きる。また、判断できる職員というのは、地域をよく知っている。前述した市外への物資拠点の開設や被災証明書の発行など、自治体が判断できることは多い。そのような判断ができる職員を日常業務の中で育成することが必要である。

また、市民に対してタフな職員は、災害業務には欠かせない。市民課カウンターでも避難所でも、市民の怒りは職員にぶつけられる。時には、殴られそうになったり、殴られてしまったりということもあり、精神的に追い詰められる。しかし、それを上手く回避する柔軟性を持ち、同僚とともに打開策を見つける努力ができる職場づくりが必要である。市民課では、多くの市民が列をなしている中で、「怒りが収まらない市民に長時間話を聞くのであれば、殴られようぜ」と言った職員がいた。これが、的確な打開策とは言い難いが、多くの市民に対応したいという彼の気持ちは、十分理解できる。

職員は、平常時に評価が高い職員が、非常時にも評価が高いということは限らない。むしろ、平常時に評価が低い職員が、非常時に活躍することがあった。非常時の職員配置というのも、また柔軟にすべきだと思うが、それには、日頃上司が部下をしっかり見ていることが重要である。

3　避難指示区域と市民

■避難指示区域と避難

福島原発事故の発生と南相馬市に関連する避難指示区域設定は**図表2―5**のとおりとなっている。

市内事業所や医療機関が休止し、市内へ入る物流業者がなく孤立化したため、３月15日から25日まで、市災害対策本部は市民や避難所に入っている他自治体の住民を含む避難者に対して市外へ集団避難を誘導した。新潟県知事や災害時相互援助協定を締結している東京都杉並区長から避難者の受け入れ支援の申し出があり、三条市、小千谷市、上越市、糸魚川市などの新潟県の自治体や、杉並区の保養所がある群馬県東吾妻町、片品村などへ市民を送った。バスで県外へ避難する市民は、緊急なことだったことと、１週間程度の短期間の避難を想定して、ほとんどが軽装で荷物も少なかった。まさか、数年にわたる避難になるとは思わなかっただろう。また、自家用車でバスを追いかけて避難をした市民もいた。２０１１年6月11日時点で市災害対策本部が把握していた避難者数は、鹿児島県を除く46都道府県と海外に2万９３３２人であった。県外の避難所には、市立病院の看護師を含む１００人規模の職員を派遣した。

また、避難区域の内容は**図表2―6**のとおりである。南相馬市は、「屋内退避指示」

図表 2-5　南相馬市の動き

2011 年	3 月 11 日 14:46	震度 6 弱の地震発生
	3 月 11 日 15:35 頃	津波到達
	3 月 12 日 5:44	福島第一原子力発電所から半径 10 キロ圏内の住民に避難指示
	3 月 12 日 18:25	福島第一原子力発電所から半径 20 キロ圏内の住民に避難指示（南相馬市小高区が該当）
	3 月 15 日 11:00	福島第一原子力発電所から半径 20 キロ以上 30 キロ圏内の住民に屋内退避指示
	3 月 15 日～ 17 日	市がバスで市内の避難所から市外に避難を誘導（1,939 人） 【避難先】福島県梁川町、相馬市、宮城県丸森町、群馬県東吾妻町、新潟県三条市、燕市、小千谷市、長野県飯田市
	3 月 18 日～ 20 日	市がバスで市民に避難を誘導（2,725 人） 【避難先】群馬県片品村、東吾妻町、新潟県妙高市、糸魚川市、上越市、見附市、長岡市、聖籠町、茨城県取手市
	3 月 25 日	市がバスで集団避難を誘導（152 人） 【避難先】群馬県草津町
	4 月 22 日 0:00	福島第一原子力発電所から半径 20 キロ圏内を警戒区域に設定
	4 月 22 日 9:44	福島第一原子力発電所から半径 20 キロ以上 30 キロ圏内の屋内退避解除、計画的避難区域及び緊急時避難準備区域を設定
	7 月 21 日 12:30	特定避難勧奨地点として 57 地点（59 世帯）を設定
	8 月 3 日 12:00	特定避難勧奨地点として 65 地点（72 世帯）を追加設定
	9 月 30 日 18:11	緊急時避難準備区域解除
	11 月 25 日 10:00	特定避難勧奨地点として 20 地点（22 世帯）を追加設定
2012 年	4 月 16 日 0:00	警戒区域解除、帰還困難区域・居住制限区域・避難指示解除準備区域を設定（ほぼ南相馬市小高区が該当）
2014 年	12 月 28 日 0:00	特定避難勧奨地点 142 地点（152 世帯）解除（2012 年 8 月 29 日付で 1 世帯が認定取消となった）
2016 年	7 月 12 日 0:00	居住制限区域・避難指示解除準備区域解除（南相馬市小高区の大部分が該当）

〔出所〕各種資料から筆者作成

を合わせると、8区分の避難指示が出された。2011年7月21日から9月30日までは、警戒区域・計画的避難区域・緊急時避難準備区域・特定避難準備区域の4つの

写真 2-12　県外に避難する市民

図表 2-6　避難区域の概要

区　分	内　　容
警戒区域	・許可を得た者以外立ち入り禁止区域
計画的避難区域	・事故発生から 1 年以内に積算線量が 20mSv に達するおそれのある区域 ・避難区域指示から、概ね 1 ヶ月以内に避難を完了する区域
緊急時避難準備区域	・自主的避難を求められる ・特に、子供、妊婦、要介護者、入院患者などは、この区域に入らないようにすることが求められる ・区域内では、保育所、幼稚園や小中学校及び高校は休園、休校される ・緊急的に屋内退避や自力での避難が求められる
特定避難勧奨地点	・警戒区域や計画的避難区域の外で、事故発生後 1 年間の積算線量が 20mSv を超えると推定される特定の地点
帰還困難区域	・年間積算線量が 50mSv 超えると推定される地域（事故後 5 年を経過してもなお、年間 20mSv を下回らないおそれのある区域）
居住制限区域	・年間積算線量が 20mSv ～ 50mSv と推定される区域
避難指示解除準備区域	・年間積算線量が 20mSv 以下と推定される区域

〔出所〕経済産業省ホームページを参考に筆者作成

避難区域とそれ以外の区域に分断された。この時、市役所庁舎が所在したのは、緊急時避難準備区域であった。

また、福島第一原子力発電所から半径20キロと30キロのラインに、市町村合併前の原町市と小高町との境界線をなぞったようになった。合併後、一体化を目指してきた５年間だったが、この区域の設定が市民の感情を揺さぶる結果になった。

■災害義援金と東京電力賠償

２０１１年４月１日に平成23年東北地方太平洋沖地震義援金福島県配分委員会が開催され、福島県に寄せられた義援金の配分について、４月２日付けで県内市町村に通知された。配分世帯対象は、平成23年東北地方太平洋沖地震又はそれに伴う津波により住家が全壊又は半壊した世帯、東京電力福島第一原子力発電所から30キロ圏内にある世帯、とされた。配分額は、１世帯あたり５万円である。

また、２０１１年４月14日付け福島県保健福祉部長通知では、日本赤十字社、中央共同募金会、日本放送協会、ＮＨＫ厚生文化事業団に全国から寄せられた義援金について、死亡者・行方不明者１人当たり35万円、住宅全壊（焼）１戸当たり35万円、住宅半壊（焼）１戸当たり18万円、原発避難指示・屋内待避指示圏域の世帯１世帯当たり35万円、を市町村を通して配分するとされた。日本赤十字社などの義援金の配分は、国の義援金配分割合決定委員会が決定し、福島県配分委員会を通して南相馬市が支給した。

この配分の決定は、市民の中に大きな波紋を起こした。福島第一原子力発電所から30キロ圏外で住家などに被害のない市民が、配分の対象外になったのだ。大部分は鹿島区の市民である。

また、4月16日に新聞報道があった東京電力原発事故賠償金仮払いについても、支払いの対象が福島第一原子力発電所から30キロ圏内の世帯が対象であった。鹿島区の市民からは、市に対して怒りがぶつけられ、鹿島区行政区長会などから義援金などの配分対象となるよう国などへの働きかけの要望書が再三提出された。鹿島区の市民からは、市町村合併の理念は、各地域自治区の公平・平等・対等であることと、義援金などの配分の対象が南相馬市民の一体化を阻害することになること、市では鹿島区の市民対しても自主避難を勧奨したことなどの理由を挙げて配分を要望する声が大きくなった。市も義援金配分について、国・県に要望書を提出したが、第1回配分については変更されることはなかった。

そのため、市では、県及び日本赤十字社などの義援金の対象とならなかった市民に対して、**財政調整基金**[9]を取り崩し、1世帯当たり40万円（住宅半壊（焼）は県及び日本赤十字社などの義援金23万円を差し引いて1戸当たり17万円）を見舞金として支給することにした。一方、警戒区域となった小高区の市民からは、避難を強いられ自宅に戻れないなどの被害状況とは著しい違いがあることを理由に、財政調整基金を取り崩しての見舞金支給については不満の声も聞かれた。

県及び日本赤十字社などの義援金の第2次配分については、国の義援金配分割合決定委員会が基本方針を定め、配分対象や配分基準は、各県配分委員会が決定することになった。福島県配分委員会は、市町村に配分された総額の範囲内で、市町村がその地域の実態に則して配分対象・配分基準額を独自に設定し被災者へ配分することに決定した。南

9　財政調整基金とは、地方公共団体が予期しない収入減や不時の支出増に備え、積み立てた資金。

相馬市では、第２次配分からは、福島第一原子力発電所から30キロの圏外の市民も配分の対象とした。

福島第一原子力発電所から30㌔のラインは、国民健康保険などの一部負担や国民健康保険税の免除措置に対する国の財政支援の基準となり、30キロ圏外の鹿島区の市民は、大きな不満をもち続けることになった。避難指示区域の設定のなかった鹿島区には、仮設住宅や小高区内の小中学校の仮設校舎を建設した。鹿島区の市民と鹿島区に避難している市民の間にトラブルも生じた。また合併協議過程で原子力発電所を推進していた小高区と、それに懸念をしていた原町区や鹿島区の市民の感情の葛藤もあった。

■仮設校舎の学校教育

２０１１年３月14日から市内の小学校16校、中学校６校は全て休校になった。ほとんどの児童生徒は、避難して市内にいなかった。４月22日から避難指示区域外の鹿島区において、４校２施設で再開した。他校の体育館をパーテーションで区切り、決して環境がいいとは言えなかった。当時の在籍率は、小学校が30・３％、中学校が43・０％である。９月30日の緊急避難準備区域指示解除によって、10月17日から原町区の一部小中学校でも授業を再開した。２０１６年４月６日現在の在籍率は、小学校が70％、中学校が71％である。

小高区にあった小高小、福浦小、金房小、鳩原小は同じ仮設校舎で学んでいる。２０１５年度までは、校長及び教頭がそれぞれ４人が配置されていたが、２０１６年度から校長１人に教頭４人が配置されている。運動会や学習発表会などの学内行事は合同で行い、４校の校歌が斉唱される。
東日本大震災から６年目を迎え、当時１年生だった児童が６年生になった。仮設校舎で６年間を過ごした子どもたちは、一番の被害者ではなかったか。家族と離れ離れになり、多感な時期にたくさんの我慢をしてきた子どもたちがいる。小高区内の小中学校及び県立高校は、２０１７年４月に小高区内の校舎で再開する。小学校４校は、在籍数が少なく共同開設のままである。保護者が帰還を検討するとき、学校教育の環境も重視する。都市部の避難先の教育環境と比較し、また、他の児童の帰還状況も気になるようである。私たち大人は、子どもたちが学びたいと思う環境をつくらなければならない。

写真 2-13　小学校体育館での中学校の授業

■人口と市民の居住

通常、基礎自治体において人口と言えば、国勢調査人口や住民基本台帳登録人口であるが、南相馬市の人口は、**図表２―７**のとおり複雑である。

市内居住者のうち、大震災当時から居住している人（一時避難をしていた人も含む）は74％で、４人に１人は大震災後の新たな居住者である。また、本市における２０１４年度建築確認申請（住宅以外も含む）は８１０件で、２０１０年度の２・３倍である。これは津波被害者の住宅再建が進んだことと、原発事故避難者が本市に住宅を建設したことが要因である。しかし、後者は、本市での住民基本台帳登録をしていない人もおり、それは市内居住人口には含まれない。

新たな住民が、ここ数年の間に1万人を超えた。人口減少社会において、人口の増加は歓迎すべきことであるが、一時的な人口の増加と市民は捉えており、一般廃棄物や交通事故の増加への不安や、地域との希薄な関係を懸念する声が多い。急激な人口変動は、市民生活に歪みを生じる。大震災前から居住していた市民と、大震災以降居住している市民が溶け込む地域づくりには、時間が要するかもしれない。

図表 2-7　南相馬市の居住状況

	人数	基準日
住基人口（大震災前）	71,561	2011.3.11
住基人口（大震災後）	63,339	2016.7.31
市内居住人口	63,996	
3.11時点に居住していた人口	47,115	2016.7.28
3.11以降の出生・転入数	6,751	2016.7.28
市外からの避難者数	2,341	2016.7.28
復興事業宿舎宿泊者数	7,789	2016.7.1
市外への避難者数	9,473	2016.7.28

［出所］各種資料より筆者作成

■「分断」を乗り越えるために

新市誕生後、市民の一体化を最大の目標としてきたが、避難指示区域の設定によって、市民からは「市町村合併は失敗だった」という声が出てきた。義援金や国民健康保険の一部負担金の減免の取り扱いの違いという市民生活に直結することで差別化を感じたのであろう。安全に屋内で遊ぶことができる子育て施設も地域自治区毎の建設要望があるなど、大震災以降、さらに旧市町間の「公平」「平等」を重視する市民要望が多い。

旧市町単位の地域自治区は、基本的には住民によるその地域らしさが現われる政策が望ましい。今後、被災自治体の高齢化が顕著になる中で、地域自治区という単位から、さらに小規模な大字単位の地域で政策を作り出すことが必要だろう。特に、神楽などの伝統文化の継承による地域の再評価は、帰還する市民とやむを得ず帰還を断念した人をつなぐものになる可能性がある。毎年開催していた南相馬市民俗芸能発表会は、２０１３年2月３日に2年振りに開催した。全国に避難中の市民がよく集まり、大震災以前と変わらない踊りを披露し、市民同士の再会と無事を喜んだ。踊り手もそれを会場で見た市民も「自分たちの根っこ」のようなものを感じたのではないだろうか。

職員がこまめに地域に足を運び、市町村合併と大震災によって失いかけている地域の良さを、小規模の地域からじっくり市民とともに取り組むことが必要である。

写真 2-14　南相馬市民俗芸能発表会

4　震災後5年間と復興の考え方

■多くの派遣職員に支えられて

南相馬市は、２０１１年12月に南相馬市復興計画を策定した。計画期間は、２０１１年度から２０２０年度までの10年間である。県内の市町村では、早期に策定した計画だった。第１次福島県復興計画の策定も同月であった。計画の内容は、復興交付金や復興整備計画の根拠となるハード事業が中心であった。２０１５年３月には、総合計画と復興計画を兼ねた南相馬市復興総合計画を策定した。

大震災前は、厳しくなる地方財政の中で、行政改革や民間への事業委託の推進などが、行政運営の大きな業務だった。しかし、大震災以降、大規模な被害の復旧や福島原発事故による避難市民への対応にスピードが求められ、一般会計予算が３倍になり業務量が増加するばかりであった。

そのため、全国から職員の派遣支援を受け、さらには任期付職員の採用などで、災害業務を実施してきた。福島原発事故で緊迫した２０１１年３月24日には、富山県南砺市が職員を派遣した。南相馬市を所領とする中村藩は、天明年間の大飢饉で多くの農民が亡くなり、田畑が荒廃したため、北陸地方から多くの移民を受け入れた歴史がある。その中に南砺市からの移住者がいたことから、その歴史のつながりを大切に南砺市長が派遣を決めた。また、大震災前に、長年の少年野球交流を縁に災害時相互協定を締結した東京都杉並区も4月から職員を派遣した。その後現在に至るまで、多くの自治体から職員の応援をいただいた。派遣された職員と南相馬市職員の交流もできた。冬に新潟県に雪かきのボランティアに行くグループもある。南相馬市の復興を多くの自治体が支えたことは、確かである。

２０１６年9月1日現在も、40人を超える職員が、国・県及び全国の市から派遣されている。非日常的な復興業務が日常化しつつある中で、派遣職員に頼る体制をどこかで再構築する必要を感じる。それは、復興の考え方とも相関するのである。

■今、立ち止まるとき

大震災後6年目を迎えて、除染事業、防災集団移転事業、災害公営住宅建設、公共施設の修繕などの主な復旧復興事業が進んできたことから、将来人口や産業構造を改めて分析しながら、事業の再構築と選択が必要である。これまでは復興交付金などを活用して、がむしゃらに事業を進めてきた。復興庁や関係省庁のヒアリングの際には、国の担当者から計画案について「これが復興に繋がりますか」と非難され、「復興の姿は、私たちが市民とともに決めます」と答えたこともあった。

あるいは、復興交付金が採択されるような事業をあえて進めてきたこともある。被災自治体は２０１１年度から２０１５年度までの集中復興期間にできるだけ、国の予算を活用することが命題になっていたのではないか。このことは、平成の大合併の際の合併特例債というアメに踊らされた過去と同じことを繰り返しているのではないかと思えてならない。

今後は、求められるスピードを少し落とし、南相馬市に何が必要かを市職員自身がじっくり考える時期に来ている。風評被害の対策、放射線量の管理及び市外避難者への対応など原発被災地としての重い課題は、まだ残されている。一方、高齢化の急速な進行による医療・介護、生産年齢人口の不足や中心市街の疲弊など、全国の自治体と同じ課題も抱えている。また、現在は、復興事業により建設業や小売店の業績は好調であるが、それも反転することになる。そう考えると、厳しい将来像を市民と共有していく必要がある。

大震災以降、３００人を超える職員が退職して、新たな職員が採用された。正職員の3分の1が入れ替わった。気がつけばあの緊迫した日々を語り合える同僚が少なくなった。新採用職員は、即戦力として災害業務を担い、忙殺されている。また、発災時の災害業務を経験していないため、被災した市民との向き合い方に悩んでいる職員もいると聞く。行政組織としては、大震災の教訓をしっかり受け継がなければならない。もっとじっくり職員を育てる時期にきている。

「復興」という言葉は、誰もが口にする。その姿をどこの自治体も復興計画が示しているはずだが、市民は計画を読む機会は少ない。また、市民とともに時間をかけて策定したまちづくり計画というより、市民委員会を設置して策定したものの、行政計画である。市民の立場からすると、区画整理や箱物が復興の象徴ではなく、市民が安寧な生活を送ることができれば復興を遂げたと言えるのかもしれない。しかし、その安寧な生活も人によって違う。そう考えると、職員がもっと市民に近づいていく必要がある。そして、

「復興」という言葉が市民から発せられなくなった時が、「復興」を遂げたということかもしれない。

第３章

自治体連携のリアル

～自治体はいかにして地域住民を守ったのか～

渡部　朋宏（会津美里町）

1　楢葉町と会津美里町の姉妹都市・災害時相互応援協定の締結

■姉妹都市締結と交流事業の展開

楢葉町と会津美里町との交流のきっかけは首長同士の偶然から始まる。1995年、当時の山田忠彦新鶴村長は村内の子どもたちの人材育成の観点から姉妹都市の締結先を探していた。山田村長は福島県の広大な面積と多様な気象条件に着目し、締結先を福島県内の自治体に絞り、身の丈にあった本当の交流を目指していた。

山田村長と草野孝楢葉町長は同じ1934（昭和9）年生まれで、首長に当選した時期も山田村長が1991年12月、草野町長が1992年4月と近い時期であったことから、首長同士の会合の席上などで活発な意見交換をしていた。草野町長は新鶴村の宿泊施設「ほっとぴあ新鶴」に宿泊したことがあり、新鶴の広大な自然環境を気に入っていた。

1995年8月に磐越自動車道が開通したことにより、両町村の時間的な距離が一気に縮まった。

1996年には、両町村の首長と議会議長が相互に訪問するとともに、新鶴中学校1年生33名が楢葉町の天神岬スポーツ公園でジュニアリーダー研修会を開催し、キャンプやバーベキューなどをとおして楢葉町の中学生との交流を行っていた。

1996年8月30日、福島市の自治会館で姉妹都市締結調印式が行われた。9月2日に開催された楢葉町合併40周年記念式典に山田村長と渋谷議会議長が招待され、山田村長が今後の交流への期待を込めた挨拶を行い、姉妹都市締結後の交流事業が展開された。

まず、互いの住民に自慢の味覚を知ってもらおうと、11月23日の楢葉町産業文化祭にあわせて、新鶴村の特産品を紹介する企画を行った。新鶴村産のそば粉で作った手打ちそばと特産の高麗人参の天ぷら６００食分を無料で提供するとともに、ワインや清酒の無料試飲会を行った。会場には順番を待つ長蛇の列ができ、用意したものがすべて完食になるなど、大盛況であった。楢葉町産業文化祭でのそば打ち名人による実演と試食会は、震災前年まで毎年続けられることとなる。

12月11日には、楢葉町から新鶴村内全戸に、お歳暮として新巻ザケが届けられた。この新巻ザケは、本州一の漁獲量を誇る楢葉町木戸川漁協が河口で獲った銀ザケで、４トントラック1台約１０００匹がプレゼントされた。

その後も、楢葉町特産品の柚子を新鶴村全世帯にプレゼントしたり、新鶴村産の椎茸ほだ木を楢葉町へプレゼントするなど互いの特産品を基にした交流事業の展開や、両町村の宿泊施設に対する助成制度を新たに創設するなど、住民が交流しやすい環境整備を進めていった。その結果、両町村の子どもたちや各種団体を核とした住民同士の交流へと広がっていく。議会議員、自治区長会、老人クラブ連合会、グラウンドゴルフ協会、納税貯蓄組合、婦人会など自主的な交流事業へと発展し、これらの交流は、２００５年、新鶴村が会津高田町、会津本郷町と合併して会津美里町になってからも継続的に実施された。

■災害時相互応援協定の締結

山田村長と草野町長は雑談の中で「楢葉町での原子力災害、新鶴村での土砂崩れなど互いの町村で大規模な災害が起こった際に、磐越自動車道でほぼ中間点になる三春インターチェンジを拠点にして、支援物資の交換を行うなど協力し合ってはどうか」という意見が出された。これが、県内で１００キロ以上離れた両町村間の災害時相互応援協定の締結へとつながっていく。

１９９7年7月10日、福島市の自治会館で楢葉町と新鶴村の災害時相互応援協定の締結式が行われた。協定書の調印後、新鶴村の山田村長は「地域住民が安心して暮らすためには、災害はあってはならない訳でありますが、しかし、発生した場合は、当然、敏速に住民の安全確保の措置を講じなければなりません。このような中において、この度、楢葉町さんと災害時相互応援協定が、めでたく締結されましたことは、住民上げての喜びとするものであり、両町村が今後21世紀に向けて飛躍していく上において、不可欠なものであると期待しております。今後においては、災害時応援協定を契機とし、友好町村としての絆を更に深めていいまいりたいと考えております。」と挨拶している。

そして、２０１１年3月11日、「災害時相互応援協定」に基づいて、迅速に住民の安全を確保しなければならない事態が発生する。

２　原発事故発生からの楢葉町の避難経過と会津美里町の対応

■【楢葉町】地震発生当日（3月11日）

２０１１年3月11日14時46分、三陸沖を震源とするマグニチュード９・０（当初発表８・８）の地震が発生した。楢葉町では震度６強の揺れを観測した。楢葉町職員は、「これまでに経験したことのない非常に大きな揺れで、すぐに外へ出たが、立っていられなかった」と証言している。14時49分に発令された大津波警報に伴い、沿岸地域にある波倉、下井出、前原、山田浜の４行政区に対し、避難指示を行った。

防災無線による周知とともに、環境防災課の職員が広報車による周知を行い、同時に住民福祉課の職員が各世帯を周り避難を促した。しかしながら、地震の影響で道路各所に被害があったため、広報車による周知は困難を極めた。幸いにも防災無線は地震による被害が無かったため、複数回の放送を繰り返すことにより、周知を図った。

警報発令から約10分後には津波が到達したが、第一波はそれほど大きな津波ではなく、その後の第二波、第三波と進むにつれ次第に規模が大きくなった。実際に来た津波は、高さ約15メートル級のもので、予想を遥かに超えるものであった。避難指示のあった沿岸行政区では、地域住民とのワークショップにより津波ハザードマップを作成し、日頃から避難訓練を行い津波対策の徹底を図っていたため、概ね迅速な避難ができたが、最終的に13名の方が津波の犠牲となり、尊い命が奪われた。

楢葉町役場では、15時に災害対策本部を設置し、職員は所管する施設を確認し、被害状況の把握に努めた。16時頃には一次避難所への避難が完了していたが、一次避難所となっている地区集会所等の耐震上の問題を踏まえ、更なる高台への避難誘導へ切り替えた。二次避難先として保健福祉会館、コミュニティセンター、楢葉南小学校、Jヴィレッジの4施設を指定し、楢葉町所有のバスや自家用車により一次避難所からの移動を開始した。

この段階では、避難指示があった沿岸4行政区の住民に限らず、地震による影響があった住民などが集まっていた。要援護者については、保健福祉会館に集まるよう指示を出している（「福祉避難所」）。災害対策本部では各施設に職員を配置し、避難所の運営にあたるとともに、避難者名簿の作成に取りかかるが、全体の安否確認はできていない状況にあった。各避難所では毛布や食料が不足していた。最初の地震から数時間経過していたが、未だに余震が続いていた。

写真 3-1　前原地区と山田浜地区に押し寄せる大津波（3月11日）

19時３分に内閣総理大臣が東京電力福島第一原子力発電所について緊急事態宣言を行った。20時過ぎに自衛隊員2名が災害対策本部に来庁し、各避難所における炊き出しについての打ち合わせを行った。各避難所では水道が利用できず、用水路やプールの水をくみ上げ、トイレの水として利用した。各避難所ともトイレが不足しており、仮設トイレの設置について建設会社等に連絡し、貸し出しを要請した。

20時30分の段階で災害対策本部が把握していた避難者数は、保健福祉会館７００名、コミュニティセンター１２８名、楢葉南小学校２９９名、Ｊヴィレッジ１１０名、公民館20名、公民館分館17名、地区集会所（4施設）１０９名、特別養護老人ホームリリー園50名及び在宅介護支援センターやまゆり荘９名で、合計１４４２名となっている（２０１１年国勢調査における楢葉町の人口は７７００人）。

20時50分、福島県が大熊町長及び双葉町長に対し、福島第一原子力発電所から半径２キロ圏内の住民の避難指示を要請したが、楢葉町災害対策本部では確認できなかった。21時23分には、内閣総理大臣が福島県知事、大熊町長、双葉町長、富岡町長及び浪江町長に対し、福島第一原子力発電所1号機から半径3キロ圏内の住民に対して避難、半径10キロ圏内の住民に対して屋内待避を指示した。

楢葉町役場では緊急の災害対策本部会議を開催し、内閣総理大臣の避難指示の状況を踏まえ、楢葉町民に対する避難指示について検討を始めた。具体的にどの施設にどれだけの人数が収容できるか、状況に応じたシミュレーションを行うとともに、仮設住宅の設置場所についても検討を始めた。また、津波被害により23名の行方不明者がいることを確認した。翌朝8時から各地域のパトロールを行い、被害状況の確認を行うこととした。

■【会津美里町】地震発生当日（3月11日）

一方、その後楢葉町からの避難を受け入れることになる会津美里町では、震度5強の揺れを観測した。16時に災害対策本部を設置し、第1回の本部会議を開催した。職員が各課所管施設の被害状況を把握するとともに、警察署、消防署及び消防団に協力を依頼し、翌日の昼までに被害状況を報告するよう要請した。住民に対しては、防災情報システムにより、余震への注意と被害状況の報告について一斉放送を行った。また、会津美里町長から楢葉町長に対し電話で連絡し、楢葉町での被害状況の確認と支援の申出を行っている。

■【楢葉町】地震発生から2日目（3月12日）

避難所では寒くて震えている老人がいた。毛布も不足しており、段ボールを床に敷いて寒さを凌いだ。深夜3時から災害対策本部会議を開催した。仮設住宅の建設について協議し、まとめて総合グランド1カ所に建設することを確認するとともに、避難所への援助活動の方法や立入禁止区域の設定について検討した。外が明るくなり次第、津波以外の地震による半壊、倒壊の状況確認など地区ごとに全戸調査の実施を確認した。また、被災者に対する税の減免についても今後の検討課題とした。各避難所へは、東京電力からの支援物資としてカップラーメンとクラッカーが届いていた。避難所への情報伝達をどうするか、避難所への職員の割り振りについて協議し、3時30分に終了する。前日からの余震は未だに続いていた。

５時44分に内閣総理大臣が福島県知事、大熊町長、双葉町長、富岡町長及び浪江町長に対し、福島第一原子力発電所から半径10キロ圏内の住民に対し避難を指示した。６時に、楢葉町の住民に対し、町内全域で水道が断水していること、現段階で復旧の見通しが立っていないことが防災無線により周知された。

７時から災害対策本部会議を開催した。避難所への移動方法や避難先について協議した。今のところ楢葉町に対する避難指示はでていないが、風向きによっては放射性物質の拡散がどのように変化するか予想できないことや今後の避難状況によっては道路の混雑も考えられることから、まずは、いわき市に対して避難者受け入れの要請を行うことを確認した。

いわき市への避難を要請した背景には、１９９８年に楢葉町を含む双葉地方町村といわき市との間で「災害時における相互応援協定」が締結されていた経緯があった。災害対策本部では避難を決断した時点で「会津美里町へ向かってはどうか」という意見も出ていたが、この段階では避難が長期化するとは想定していなかったため、まずは30キロ圏外へ脱出することを最優先と判断した。

７時45分に内閣総理大臣が、福島県知事、広野町長、楢葉町長、富岡町長及び大熊町長に対し、福島第二原子力発電所１号機から半径３キロ圏内の住民に対して避難、半径10キロ圏内の住民に対して屋内待避を指示した。楢葉町では波倉行政区、営団行政区、下繁岡行政区が避難指示の対象となった。

国からの避難指示を受けて開催した災害対策本部会議では、現段階での避難指示は楢葉町の一部区域だが、老人や子どもの避難方法も考慮し、楢葉町として町内全域に避難指示を出すことを確認した。楢葉町長からいわき市長に対して避難者受け入れを依頼し、いわき市の平第6小学校、草野小学校及び草野中学校を避難先として確保した。職員を先発隊として派遣し、避難所開設の準備に取りかかった。

8時、楢葉町全域に対して避難指示を行った。防災無線と広報車により、避難を呼びかけた。消防にも協力を依頼し、避難の呼びかけを行った。子どもと高齢者を最優先に町所有のバスや民間のバスによりピストン輸送を行うとともに、自家用車で移動できる人はいわき市の避難所へ避難するよう呼びかけた。寝たきりの高齢者の輸送手法が大きな課題であったが、補助椅子を活用するなどして、昼の12時30分には施設入所者全員のバスへの乗り込みが完了する。

いわき市の避難所は、中央台南小学校を加えた3カ所のいずれかに避難するよう指示したが、避難者が多数であったことから、指定された避難所に入りきれず、別の避難所に移動する住民もいた。最初から親戚宅に避難した住民もいた。避難所は徐々に増え、最終的には7カ所となる。16時頃までには、いわき市への避難が完了した。

15時過ぎに国土交通省で手配したバスが10台ほど到着したが、その段階では住民の避

写真 3-2　避難所（いわき市立平第6小学校体育館）の様子（3月12日）

難はほぼ完了していた。なお、９時30分に福島県災害対策本部から震災後はじめて連絡があり、楢葉町としては８０００人分の水と食料を要請した。

15時36分、福島第一原子力発電所１号機付近で爆発音とともに白煙が上がり、原子炉建屋が吹き飛ぶ。17時39分に内閣総理大臣が、福島県知事、広野町長、楢葉町長、富岡町長及び大熊町長に対し、福島第二原子力発電所から半径10キロ圏内の住民に対して避難を指示した。18時25分には福島第一原子力発電所から半径20キロ圏内の住民に対する避難指示が出た。

楢葉町役場では、いわき市立中央台南小学校に楢葉町災害対策本部を設置した。全ての避難所が断水しており、トイレで流す水の確保、支援物資受入・運搬・仕分け等の体制整備、高齢者や障がい者の対応、避難所の清掃・ゴミの片付け、買い物や病院への交通手段の確保など避難所運営の課題が数多くあった。原発に関する情報が不足しており、東京電力の社員や警察からの情報提供が頼りであった。

■【会津美里町】地震発生から2日目（3月12日）

会津美里町では、８時30分に関係機関が役場に集まり、昼までに再度被害状況を取りまとめ、災害対策本部に報告することを確認した。会津美里町の被害状況は、人的被害が軽傷1件（棚の酒ビンが落ち、割れたかけらで足を切る）、住宅被害が一部損壊10件（地割れによる壁一部崩落、屋根瓦崩落など）、公共施設被害が3件（クラックや亀裂など）、その他非住宅被害が１５３件（土蔵の崩落、漆喰の剥離、土蔵の屋根崩落など）、その他被害として４件（下水道管の破損、取水槽の水の濁りなど）であった。

福島県会津地方振興局より災害支援物資の要請があり、難燃毛布１００枚を郡山市開成山野球場へ搬出するとともに、翌日の炊き出しの依頼を受けた。

■【楢葉町】地震発生から3日目（3月13日）

いわき市の避難所への入所者数は、５７００名を超えた。未だに断水しており、トイレの使用にあたっては、プールの水を汲んでおき、バケツで流す方法とした。トイレットペーパーやゴミ袋が不足していた。支援物資に関する情報が錯綜し、詳しい内容が把握できない状況にあった。石川県から何かが10トン届くとの情報があったが、具体的に何が届くのか把握できなかった。これから届く支援物資を、各避難所へ誰がどのように配布するのか、避難所内でも誰が住民に配布するのか、早急な体制整備が必要であった。早朝4時30分に石川県からペットボトルの水６００箱が到着し、各避難所へ配布した。配布する車のガソリン不足が深刻であり、大きな課題であった。

9時に会津美里町に対し、電話で災害時相互応援協定に基づく避難者用支援物資の協力依頼を行った。支援依頼は、灯油をポリタンク50本、ガソリンを4トンローリー1台、ガソリン携行缶20リットルを10個、手もみポンプ10本を、いわき市立中央台南小学校にある災害対策本部に至急届けてほしい旨の内容であった。

体育館にはテレビもなく、情報が不足していた。避難者に対し情報をどのようにして流すかが大きな課題であった。寒さから体調を崩す老人も増えていた。最低限の薬品、マスク、毛布や灯油の手配も必要であった。常時服用している薬を忘れた人の対応、人工透析が必要な人の対応、障がい者のトイレ、避難所の清掃など、課題は山積みであった。

■【会津美里町】地震発生から3日目（3月13日）

一方、会津美里町では、日赤奉仕団、（株）会津美里振興公社、（株）米夢の里、会津美里商工会女性部、町民ボランティア等の協力を得て、おにぎりの炊き出しを行った。おにぎりの炊き出しは、その後、４月６日まで毎日実施することとなる。朝９時に１６２０個を会津地方振興局へ搬出した。この支援物資は楢葉町に限定したものではなく、福島県を通して被災地に送られた。

９時に楢葉町からの協力依頼を受け、支援物資の準備に取りかかった。タンクローリーによるガソリンの準備は出来なかったが、灯油ローリー2トン車1台、ポリタンク48本、ガソリン携行缶12個、手もみポンプ20本を準備し、町職員等５名で13時に会津美里町役場高田庁舎を出発した。高速道路の通行許可が下りなかったため、一般道路経由で、18時頃いわき市立中央台南小学校の楢葉町災害対策本部に到着し、支援物資を搬出した。灯油については、設置された各避難所を回り、給油を行った。このとき、会津美里町の職員は原発避難の実態を目の当たりにする。

■地震発生から4日目（3月14日）

この日、いわき市に対し16日まで避難所の期間延長を依頼するとともに、楢葉町長が会津美里町長に対して避難者受け入れの要請を行った。会津美里町では楢葉町からの要請に基づき、受入可能施設を精査し、３５００人の受け入れが可能であることを回答した。

９時45分、楢葉町災害対策本部会議を開催した。会津美里町で３５００人程度の受け入れが可能であることを報告し、会津美里町への避難を決定した。避難生活が長期化する状況を踏まえ、今後もいわき市の学校施設を避難所にするのは困難であることや放射性物質に対する情報が不十分で避難者の中でも過剰な反応が見られ、緊張感が高まっていることなどから、早急に会津へ避難することが必要であると判断した。

■地震発生から5日目（3月15日）

楢葉町議会議長及び教育総務課長が会津美里町役場に出向き、災害時相互応援協定に基づく支援の内容について協議するとともに、避難者の受け入れを正式に依頼した。災害対策本部のかけ声は「全町民が会津へ避難」だった。会津美里町でも受諾し、翌日からの受け入れを行うこととし、避難所の開設準備に取りかかった。

同日の夜には、楢葉町からの避難者に限らず、原発周辺の市町村から会津方面へ自主避難する避難者が徐々に増えていった。そこで、会津美里町災害対策本部では、一般避難者用の避難所を1カ所設置することを決定した。すでに会津美里町へ避難してきていた避難者は、温泉施設の大広間を開放することで対応し、翌日の朝から一般用の避難所「新鶴体育館」に移動してもらうこととした。

■会津美里町の一般用避難所開設（3月16日）

一般用の避難所は16日朝8時から開放し、温泉施設で夜を明かした避難者が続々と入所手続を行った。入所にあたり、放射線スクリーニング検査の実施を条件とした。これは、会津美里町民の安心感を担保することと近隣市町村の実施状況から判断した。このため、放射線スクリーニング検査を受けていない避難者は、約15キロは離れた会津若松市内の検査会場へ行って検査を受け、検査済証明書を提示する必要があった。この頃は、放射線スクリーニング検査会場が会津若松市内に1カ所しかなかったため、検査希望者が殺到し、数時間の待ち時間が必要となり、場合によっては検査が翌日以降となる事態が生じていた。

また、福島県のホームページを確認して避難所を探す避難者もいたが、福島県のホームページに誤った情報が掲載され、混乱に拍車をかけた。スクリーニング検査を待っている際に避難者同士で情報交換を行い、会津美里町の避難所を教えてもらった人もいた。新鶴体育館への自主避難者は、３月26日に最大で１２８名となる。出身市町村別の避難者数は、南相馬市49名、いわき市42名、楢葉町23名、大熊町10名、富岡町４名であった。新鶴体育館は、４月以降、ホテル・旅館への避難や所属自治体が運営する避難所への移動により徐々に人数が少なくなり、４月12日には閉鎖となった。

■楢葉町民のいわき市からの避難（3月16日）

楢葉町避難者の会津美里町への移動は、津波により家を流されてしまった住民や幼児、小・中学生などの子どもがいる家族と高齢者を最優先とし、楢葉町災害対策本部で優先順位をつけて、各避難所に配属されている楢葉町職員が避難者の意向を確認した。１００キロ以上離れた会津への避難であったが、大きな混乱は発生しなかった。避難所の担当職員は、「放射能に対する過敏な反応はあったが、新学期が迫る中でいつまでもいわき市の学校にはいられないため、次に避難するとすれば姉妹都市である会津美里町しかない、という意識がある程度浸透しており、混乱が生じなかった理由ではないか」と話している。

会津美里町への避難を呼びかける一方で、会津美里町へは避難せず、「地元に近い方がいい」「いわき市の職場に通うためにとどまりたい」「知らない土地になんか行きたくねぇ」「子どもたちの学校はどうなるのか」などの理由でいわき市での生活を希望する住民も少なくなかった。会津美里町役場からは放射線スクリーニング検査の実施が受入条件とされていたため、いわき市の避難所で検査を実施した。検査を受けて、被曝していないことに安心する住民もいた。

3月16日に第1陣として179名が、会津美里町のふれあいセンターあやめ荘へ避難した。この時期は、3月中旬にも関わらず、時折吹雪の気象状況であった。自家用車で移動できる人は車で避難するよう指示があったため、バスではなく自家用車で避難して

写真3-3　会津美里町へバスで向かう避難者たち

写真3-4　会津美里町へ向かうバスからの景色

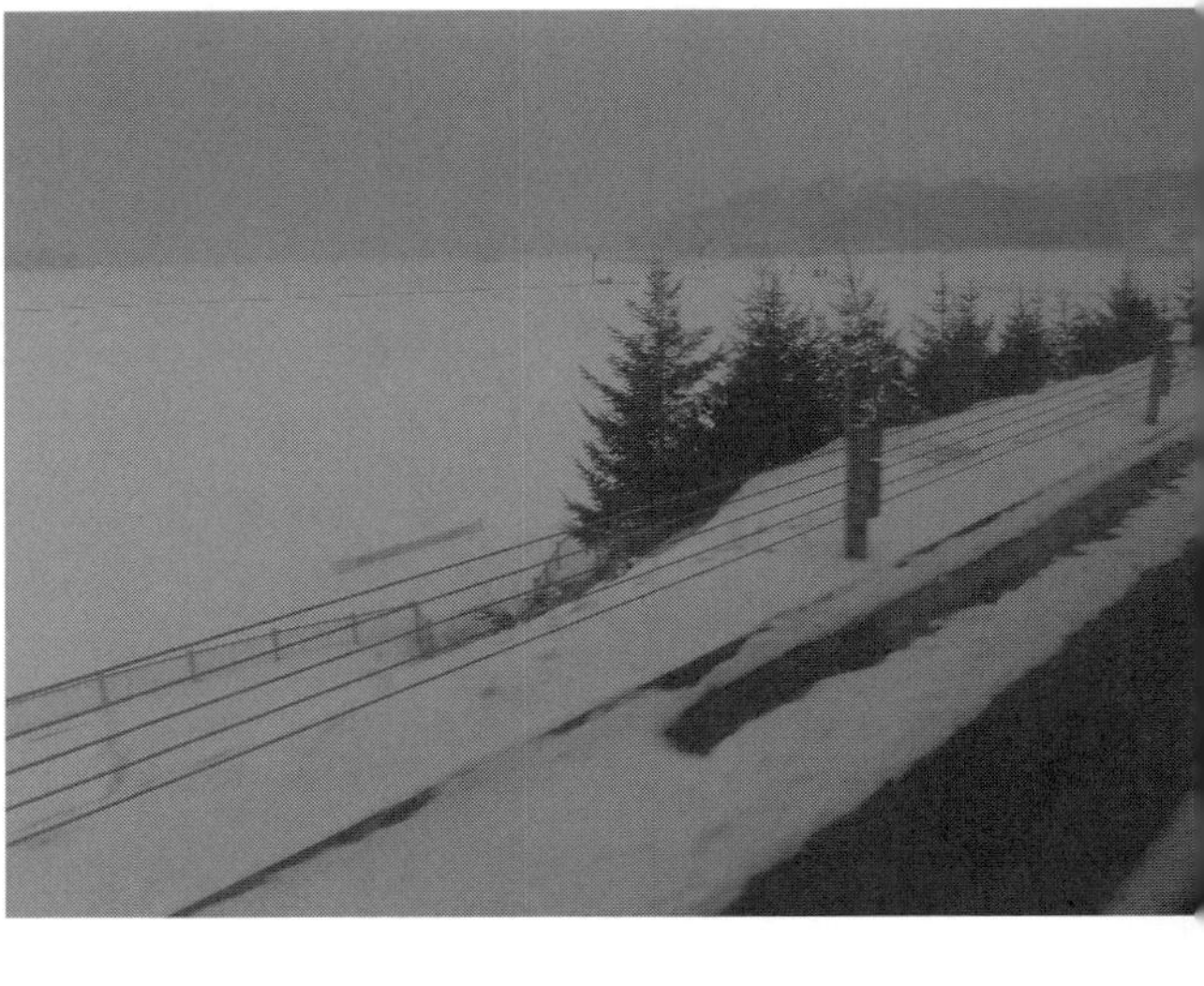

きた人も多かった。しかし、ガソリンが不足する中で、すでにノーマルタイヤに履き替えていた車がほとんどであったことから、気象条件とも重なり、不安な中での避難となった。

16日の段階で安否不明者が楢葉町内に取り残されている可能性があることから、楢葉町職員がすべての家庭をまわって、避難を促した。介助を必要とする人もいたことから、自衛隊へ協力を要請した。この日、いわき市教育委員会では、すべての学校施設の開放を決定した。体育館から校舎へ移動が可能となったため、テレビ等による情報収集が可能となった。また、草野小・中学校では自衛隊による風呂の設置が可能となった。

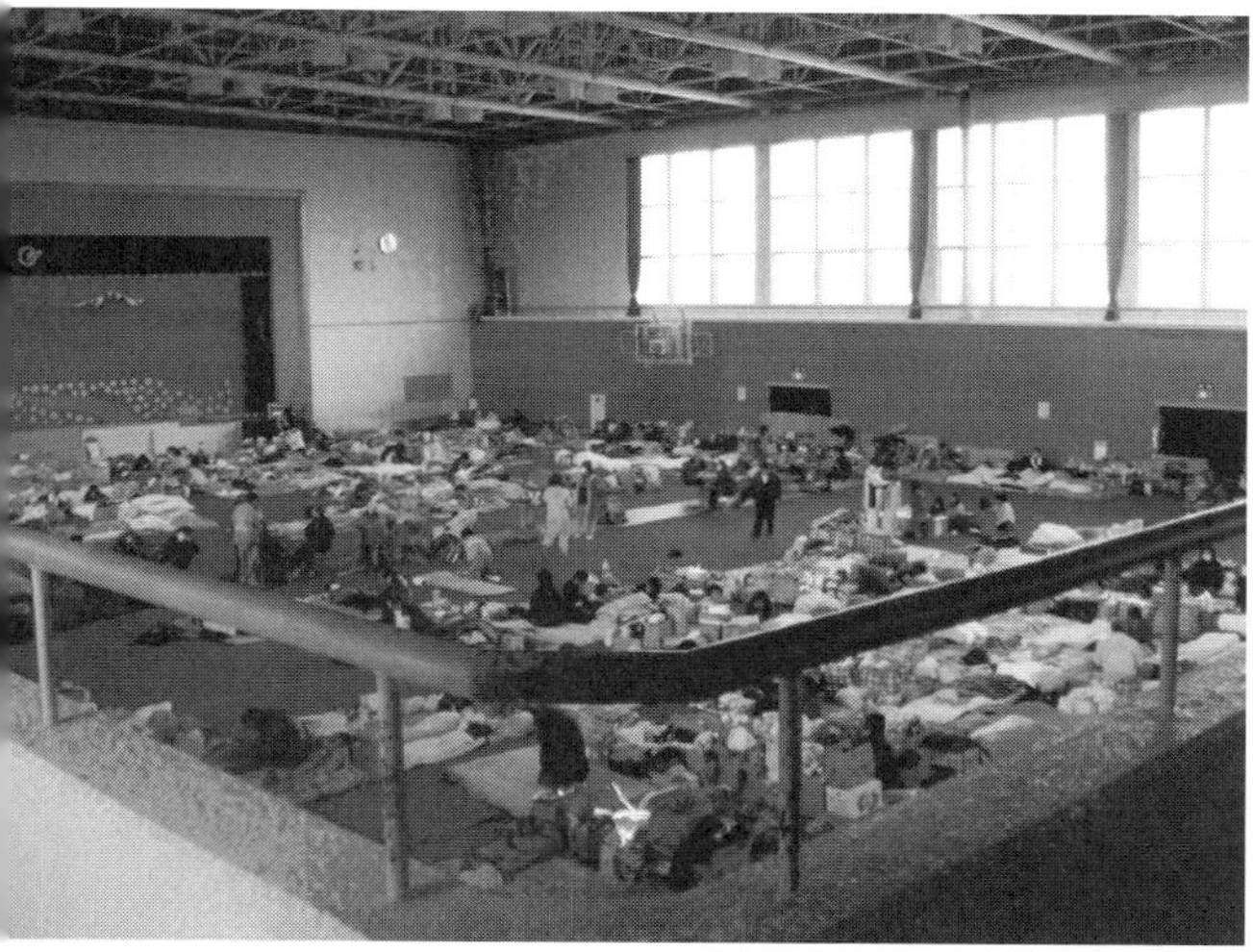

写真 3-5　避難所の様子（高田体育館）

会津美里町ではいわき市からの楢葉町避難者数に応じ避難所を開設し、順次受け入れを行ない、最終的に8カ所の避難所に最大で約１０００名を受け

写真 3-6　本郷児童クラブからのメッセージ

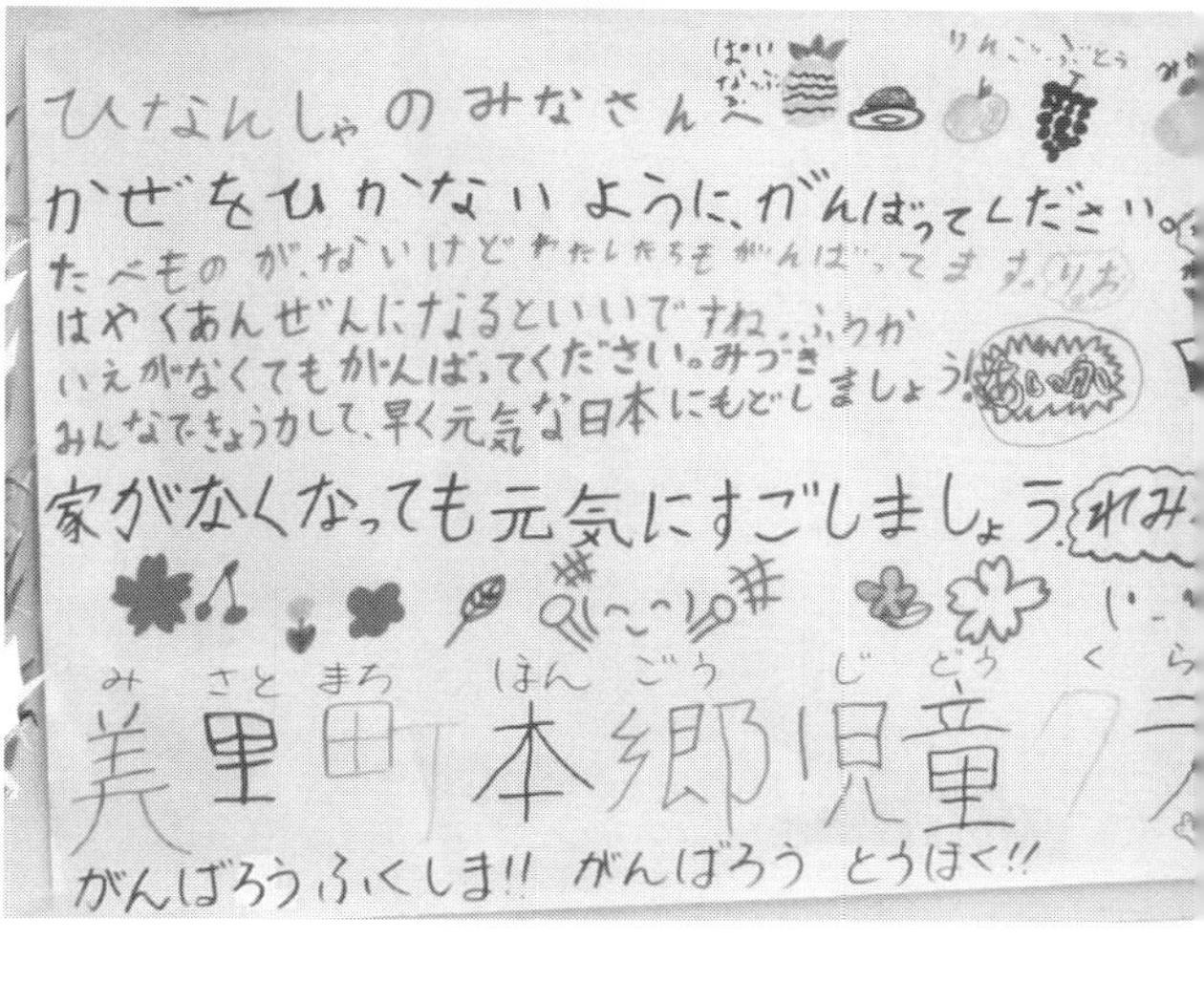

入れた。各避難所の運営は、一般向け避難所となっている新鶴体育館を除き、基本的には楢葉町役場で行うこととなっていた。会津美里町への避難に伴い、いわき市の避難所については集約を図り、順次閉鎖していった。

避難にあたっては、放射性物質の影響を考え、雨天時は移動を中止するなど、細心の注意を払いながら実施した。また、子どもや高齢者は暖房設備のある温泉施設へ入所させることや寝たきりの高齢者は新鶴高齢者福祉センター１カ所にまとめ、楢葉町社会福祉協議会職員も同じ場所に配置するなど、状況に応じた避難所の運営を行った。入浴については、避難所となっていた温泉施設「ふれあいセンターあやめ荘」を避難者専用の入浴施設として開放し、各避難所を経由するバスを運行し、３日に１回は入浴できる体制を整備した。

■楢葉町会津美里出張所の設置と応急仮設住宅への入居（3月23日以降）

避難所とは別に、会津美里町の一般家庭へ自主避難している避難者も５００名程度いた。３月23日に、被災者支援を目的として会津美里町災害ボランティアセンターを社会福祉協議会に設置し、災害ボランティアの総合調整を開始した。炊き出しなどボランティアからの申し出があった段階で、災害ボランティアセンターにおいて避難所間で偏りがないよう調整を図り、支援を行った。

３月23日19時から楢葉町災害対策本部会議を開催し、災害対策本部を会津美里町へ移転することを決定した。移転に伴い、再度住民に対して会津美里町への移動を呼びかけることとした。３月25日、会津美里町役場本郷庁舎に楢葉町災害対策本部を設置するとともに、翌26日、楢葉町役場会津美里出張所を開設し、住民票と罹災証明書の発行業務を開始した。

４月22日午前0時に、福島第一原子力発電所から半径20キロ圏内が警戒区域に設定された。４月25日からは、楢葉町役場会津美里出張所において、従来からの住民票と罹災証明の発行業務に加えて、住民戸籍係（住民票・印鑑証明・戸籍関係の証明書発行）、税務係（税務関係の証明書発行）、国保年金係（国民健康保険証の交付・異動・国民年金保険料の免除申請受付・後期高齢者医療制度の相談）、社会福祉係（障がい者・子ども手当等の事務）、保健衛生係（妊婦・乳幼児・予防接種等の相談）、介護保険係（介護保険事務）の業務を開始した。楢葉町災害対策本部いわき出張所（いわき明星大学　大学会館内）における業務としては、住民票等の受付のみとした。

この時期から応急仮設住宅の対応についての協議が始まった。応急仮設住宅については、いわき市と会津美里町に建設することとした。当初、会津美里町に５５０戸建設予定としていたが、建築場所の問題や楢葉町民からの需要を踏まえ、当面２５０戸とし、４月27日に着工した。

５月１日から５月16日まで応急仮設住宅への入居申し込みの受付を行った。５月31日現在での会津美里町の仮設住宅への申し込みは１５８世帯であった。仮設住宅の間取りが２ＤＫとなっており、３人程度用とされていることから、４人以上の世帯については２戸分

写真 3-7　楢葉町会津美里出張所の設置（3 月 25 日）

利用できることとした。いわき市の仮設住宅への入居希望者が多かったが、5月31日の段階で150戸程度しか着工できておらず、場所の選定等に時間がかかっていた。8月末までに800戸の建設を福島県に要望している。楢葉町災害対策本部としても、いわき市の仮設住宅を希望する住民が多くなるであろうことは予想していたが、希望者は予想以上であった。6月24日に送られた楢葉町職員のメールからは、会津美里町への感謝とともにその状況が伺える。

仕事の関係からいわき市を指向する避難者は多く、二次避難所からいわき市の仮設住宅への入居を希望する方は多いです。ある程度想定されたにしても、個人的には、原発問題に起因する避難状態から何ら変化はないのではないかと思うのですが……

まして、避難したばかりの頃、会津美里町の町長さんをはじめ、多くのボランティアの方が、おにぎりを作ってくれたことや、今も楢葉町民のために様々な施策で応援してくれて、とても感謝しきれないです。

私は、原発事故のあのとても不安な一時期、いわき市の避難所で、会津美里町が受け入れてくれたと人づてに聞いたときのうれしさが、忘れられません。

■避難所における避難者数の推移

3月13日にはいわき市内の避難所への避難者が最大で5739名となったが、3月24

日からは親類縁者を頼って移動する人や自らアパートを借りて生活する人が増え、避難所の人数が減少する。３月16日からは会津美里町の避難所への移動が始まり、３月23日には、いわき市内の避難所は中央台南小学校のみとなる。

４月３日からは、福島県で準備したホテル・旅館への避難が始まった。福島県が楢葉町からの避難者に割り当てた芦ノ牧温泉、湯野上温泉、会津美里町内の宿泊施設などへ順次移動が始まる。会津美里町内の避難所も徐々に閉鎖し、５月26日には5カ所１９２名となる。一方で、「二次避難所へ行ったが馴染めない」「避難所で仲良くなった人と離れたくない」などの理由で、ホテル・旅館への避難先へ移動せず、会津美里町内の避難所にとどまる住民もいた。

５月31日現在の避難者数は、避難所として会津美里町避難所（４カ所）１１９名、いわき市中央台南小学校71名、ホテル・旅館等の避難先として芦ノ牧温泉８０８名、湯野上温泉２６９名、会津美里町77名、いわき市１７４名、その他47名、合計１５６５名となった。また、いわき市においても廃業した旅館「中の湯」を借り上げ、６月３日から移動を開始した。６月６日にいわき市立中央台南小学校の避難所を閉鎖し、中の湯のみとなった。

６月11日からは、会津美里町内の仮設住宅への入居が始まった。７月15日現在での避難所はいわき市中の湯89名、会津美里町農村環境改善センター38名のみとなった。９月６日農村環境改善センターの避難者が０名となり、会津美里町におけるすべての避難所が閉鎖

写真 3-8　4月22日午前0時　警戒区域に設定される

となった。警戒区域内の楢葉町に残留している住民は、職員による再三の説得にもかかわらず、7月末現在で3世帯4名となっていた。

会津美里町の避難所は、公共施設を中心に設置された。会津美里町では、公共施設間で光ファイバー網が整備されており、避難所開設と同時にパソコンを設置し、ネットワークを構築した。このことが、各避難所と会津美里町役場本郷庁舎に設置された災害対策本部との連絡調整や避難者名簿の一元管理等の業務で、有効に機能した。行政機能の再構築にあたり、通信インフラの整備は重要な要素であった。

■児童・生徒の受入過程

楢葉町災害対策本部が会津美里町への避難を決定した要因として、小・中学校の問題も大きかった。会津美里町への避難に際しても、小・中学生の子どものいる家族を優先して実施している。避難が完了し、生活が徐々に落ち着いてくると、新学期からの子どもたちをどうするかが課題となってきた。

会津美里町教育委員会では、楢葉町からの児童・生徒の受け入れ方法として、既存の各学校への受け入れ、廃校等を活用し楢葉町専用の学校を設置しての受け入れ、の2つの方法について検討を始めた。また、楢葉町以外で会津美里町内の一般家庭に避難している児童・生徒を把握するため、自治区長の協力を得て、全世帯に対し避難者の状況と会津美里町内の学校に対する就学の意向確認を行った。

3月24日には、会津美里町小・中学校校長会議を開催し、各避難所における子どもの数を把握し、受け入れの体制について協議するとともに、入学式は予定どおり4月6日に行うこと、原則として平常どおりの教育課程を実施することを確認した。廃校の中で、一番新しい赤沢小学校については、避難所に指定されており、避難者を移動させて学校を設置することは難しいと判断した。また、その他の廃校については、場合によっては補修工事が必要であることを確認した。

３月25日には、楢葉町教育長、教育総務課長、教育総務課長補佐が会津美里町役場に来庁し、正式に児童・生徒の受け入れを要請した。廃校となっている旧校舎を活用することも検討したが、教材の問題や教員の手配等を考慮し、既存の学校への受け入れで進めるとともに、楢葉町にある２つの小学校及び中学校の児童・生徒の状況を踏まえ、可能な限り同じ学校に受け入れるよう要請した。楢葉町教育委員会からの要請を受け、会津美里町教育委員会として受け入れ可能な児童・生徒数などのシミュレーションを行う。同日夜に臨時小・中学校校長会議を開催し、各学校長に楢葉町の意向を伝えた。

３月31日に小・中学校校長会議を開催し、避難児童・生徒の受入体制について協議した。まず受け入れを表明したのは、姉妹都市協定締結当初から交流事業を行ってきた新鶴地域の学校であった。協議の結果、楢葉北小学校については高田小学校へ、楢葉南小学校については新鶴小学校へ、一般世帯等の児童については居住している各学区の学校へ、楢葉中学校については高田中学校と新鶴中学校へ、一般世帯等の生徒については居住している各学区の中学校への受け入れを決定した。

以降は４月６日の入学式に向けた準備が始まる。楢葉町の児童・生徒については、原則として楢葉町教育委員会で対応したが、運動着、中学生の制服、指定されている靴などについては、支援物資等も活用し、会津美里町教育委員会と受け入れる学校のＰＴＡが連携を図りながら準備を行った。高田小学校と新鶴小学校のＰＴＡから「楢葉町の新入生も、地元の新入生と同じ格好で入学式に参加させてあげたい」という意見があり、地元の保護者に声をかけて新入生の服と入学式に参加する母親の服を準備した。入学式では、会津美里町の新入生も、楢葉町の新入生も、その他の市町村から避難している新入生も区別なく式典に参加することができた。

子どもたちの受け入れ方法として、既存の学校への受け入れ方法と楢葉町専用の学校を設置する方法のどちらが子どもたちにとって良かったのかは、今後の検討課題であるが、少なくとも既存の学校へ受け入れる方法でなければ4月6日の入学式は困難であったと思われる。会津若松市へ避難している大熊町では、大熊町専用の学校を設置する方法としたが、入学式は4月16日に行われた。

会津美里町全体での小学生１２４１名に対し避難児童１３６名（うち楢葉町児童１０６名）で約10％（楢葉町児童の割合約8・5％）、中学生７１６名に対し避難生徒70名（うち楢葉町生徒62名）で約9・8％（楢葉町生徒の割合8・7％）と多数の避難児童・生徒を受け入れたにもかかわらず、大きな混乱もなく、当初の予定どおり4月6日に入学式を実施できたことは、会津美里町教育委員会と楢葉町教育委員会の適切な連携と、地元ＰＴＡの絶大な協力があったからだといえる。

写真 3-9　入学式（新鶴小学校）の様子（4月6日）

３　避難住民の意識

楢葉町の避難経過に対して、避難住民はどのように感じたのか。ここでは、会津美里町応急仮設住宅居住者に対して、震災直後の２０１１年７月（会津美里町調査（平成23年））と震災から６年目を迎えた２０１６年７月（会津美里町調査（平成28年））に実施したアンケート調査を基に、避難住民の意識と実態を検証する。

また、楢葉町全体の傾向を把握するため、いわき市高久第９・第10応急仮設住宅入居者に対する調査（いわき市調査（平成23年））結果も一部参照した。実施したアンケート調査の概要等は**図表３―１**のとおりである。調査の実施にあたっては、楢葉町役場の了解を得るとともに、配布、回収等においても全面的に協力をいただいた。

■避難先の判断

避難住民は、どのような情報に基づき、避難先を判断したのか。**図表３―４**は避難先を移る時に参考にしたことは何か聞いたものである。震災当初に避難先を判断するにあたり、役場からの案内・指示を参考にしたと答えた人が76％になった。次に多いのは、周囲の流れの13％だった。

楢葉町は、３月14日に会津美里町への避難を決定している。３月13日の段階でのいわき市への避難者数は５７００名を超えているが、実際に会津美里町の避難所へ避難した人数は約１０００名であった。その判断にあたっては、役場の案内や指示と周囲の流れを参考に、楢葉町役場とともに移動した経過が読み取れる。

そのなかには「何も告げられず、そのまま会津へ連れてこられたと思っている人もいる」と楢葉町

図表 3-1　調査概要

	会津美里町調査（平成 23 年）	会津美里町調査（平成 28 年）	【参考】いわき市調査（平成 23 年）
配布世帯数	188	82	190
回収世帯数	111	55	121
回収率	59.0%	67.1%	63.7%
回収方法	郵送回収	郵送回収	郵送回収
調査票配布日	2011 年 7 月 14 日	2016 年 7 月 21 日	2011 年 9 月 14 日

図表 3-2　回答者の属性（性別）

	会津美里町調査（平成 23 年）	会津美里町調査（平成 28 年）	【参考】いわき市調査（平成 23 年）
男	51	32	57
女	60	22	63
無回答	0	1	1
計	111	55	121

図表 3-3　回答者の属性（年齢）

	会津美里町調査（平成 23 年）	会津美里町調査（平成 28 年）	【参考】いわき市調査（平成 23 年）
10 代	0	0	1
20 代	2	0	0
30 代	21	3	8
40 代	26	9	11
50 代	27	5	21
60 代	19	17	34
70 代	12	15	33
80 歳以上	4	6	13
計	111	55	121

図表 3-4　避難先を移る時に参考にしたこと
（会津美里町調査（平成 23 年））

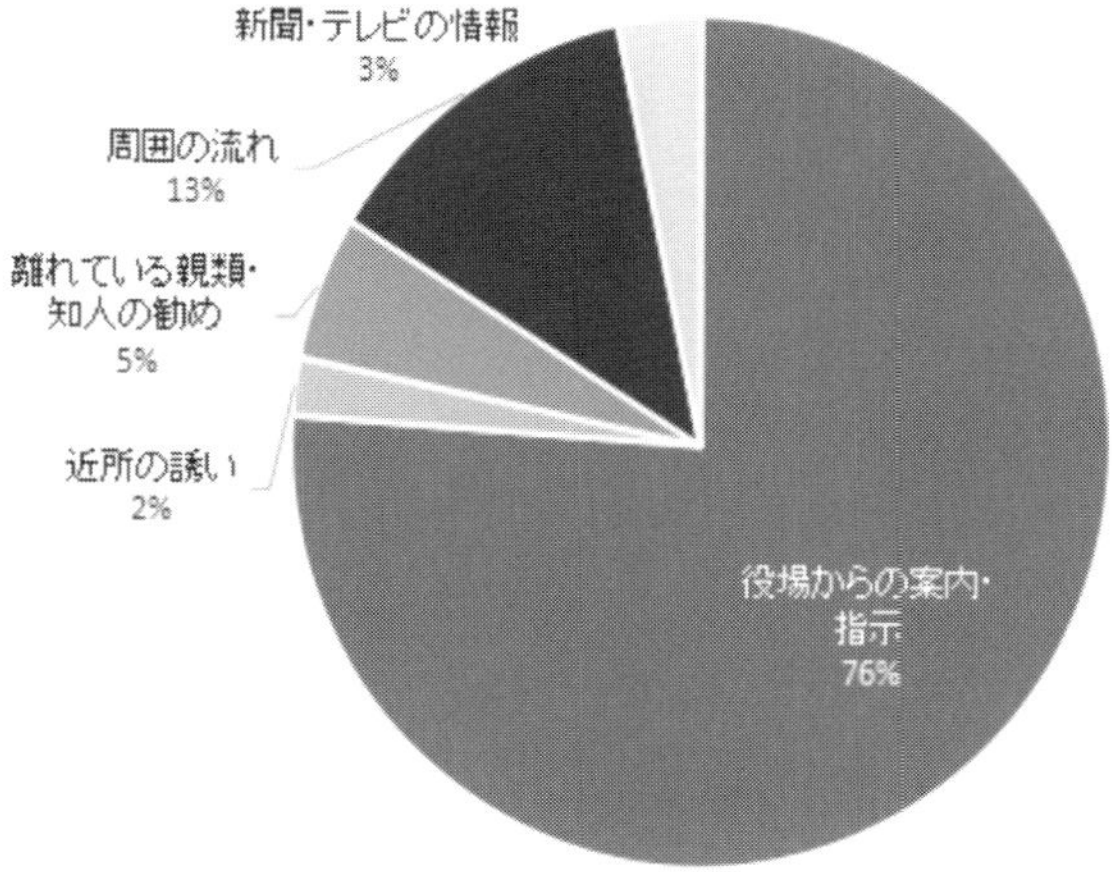

会津美里出張所の職員は話す。「その人は、役場不信で、『役場の前で死んでやろうと思った』と言っている。買い物や医療バスにも乗らない。サポートセンターの行事にも参加しない。唯一の癒やしが猫。５年経ってもこの状態である」という。

避難住民が、会津美里町仮設住宅を入居先として選んだ理由は図表３―５のとおりである。ここでは、避難当初（２０１１年）と現在（２０１６年）の比較を行っている。避難当初の段階では、子どもが会津美里町内の学校に通っていること（39％）と楢葉町災害対策本部があること（31％）を理由としてあげている割合が高く、２つの項目で半数を

図表 3-5　会津美里町の仮設住宅を選んだ理由
（会津美里町調査（平成 23 年・平成 28 年））

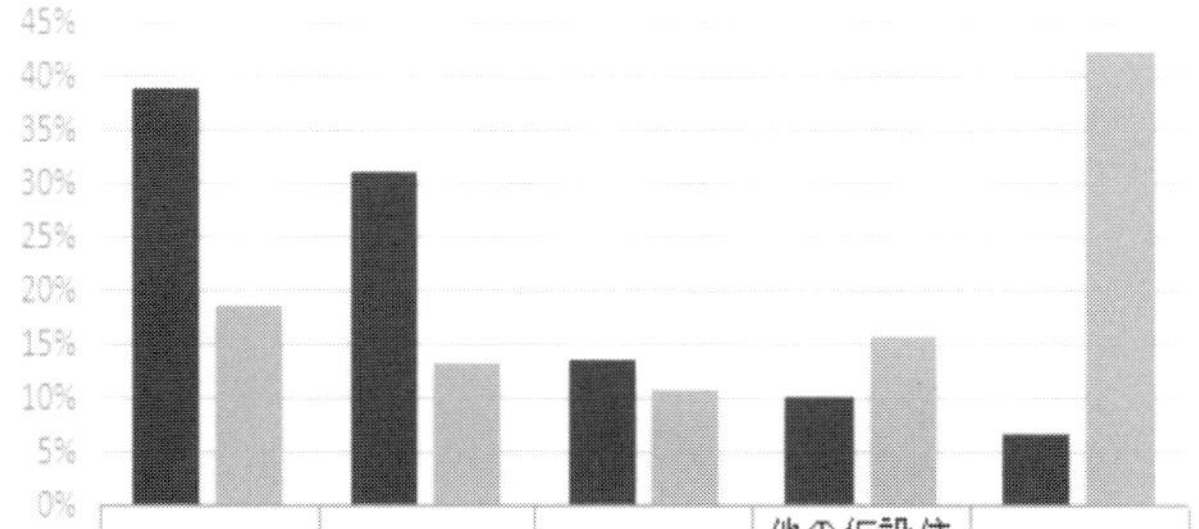

	子どもが町内の学校に通っている	楢葉町役場災害対策本部がある	原発より遠い	他の仮設住宅(いわき)や公営住宅が未完成	ほかに行くところがない
会津美里町調査(2011年)	39%	31%	13%	10%	7%
会津美里町調査(2016年)	18%	13%	11%	16%	42%

■ 会津美里町調査(2011年) ■ 会津美里町調査(2016年)

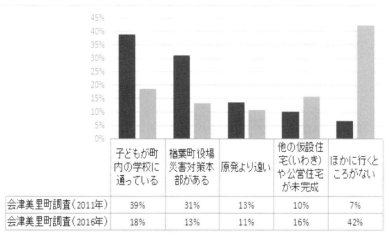

超えている。また、原子力発電所より遠いことも13％の避難住民が理由としてあげている。

一方、避難から6年目を迎えた現在では、ほかに行くところないとの回答が42％となった。避難当初の7％から大きく増えている。楢葉町会津美里出張所の職員は「いわき市に行ける人はもう行っている。行けない人が会津美里町仮設住宅に残っている。支援が必要な人も多い」と話す。調査結果では、入居者の約7割が60代以上であり、約6割が一人世帯であった。避難者一人ひとりの実態を踏まえ、適切な支援が求められる。

■姉妹都市協定及び災害時相互応援協定の認知度

楢葉町役場が会津美里町への避難を決定した根拠としては、両町の姉妹都市協定及び災害時相互応援協定の締結があった。では、避難住民はそれぞれの協定についてどの程度知っていたのか。それぞれの協定に対する避難住民の認知度は**図表3―6**と**図表3―7**のとおりである。

姉妹都市協定については、74％の避難住民が知っていたと回答している。いわき市調査でも、同様に74％の避難住民が知っていたと回答しており、両町の普段の交流が住民に深く浸透していたことが読み取れる。一方、災害時相互応援協定についての認知度は37％（いわき市調査：41％）にとどまっており、姉妹都市協定と比較して、災害時相互応援協定の認知

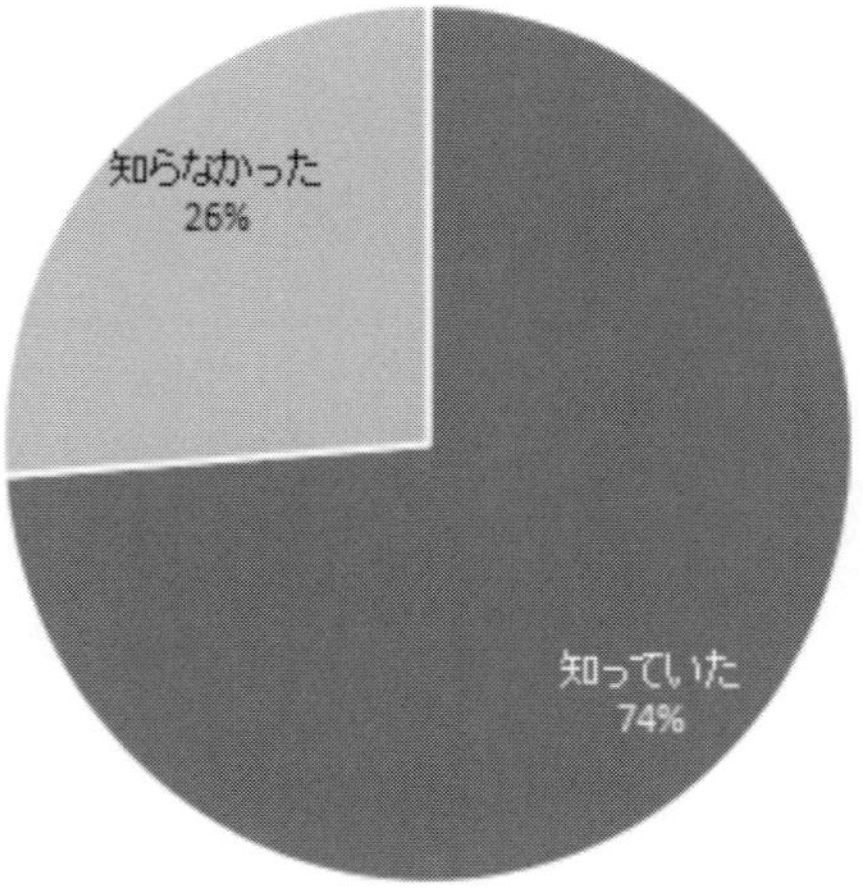

図表 3-6　姉妹都市協定を結んでいたことを知っていたか
（会津美里町調査（平成 23 年））

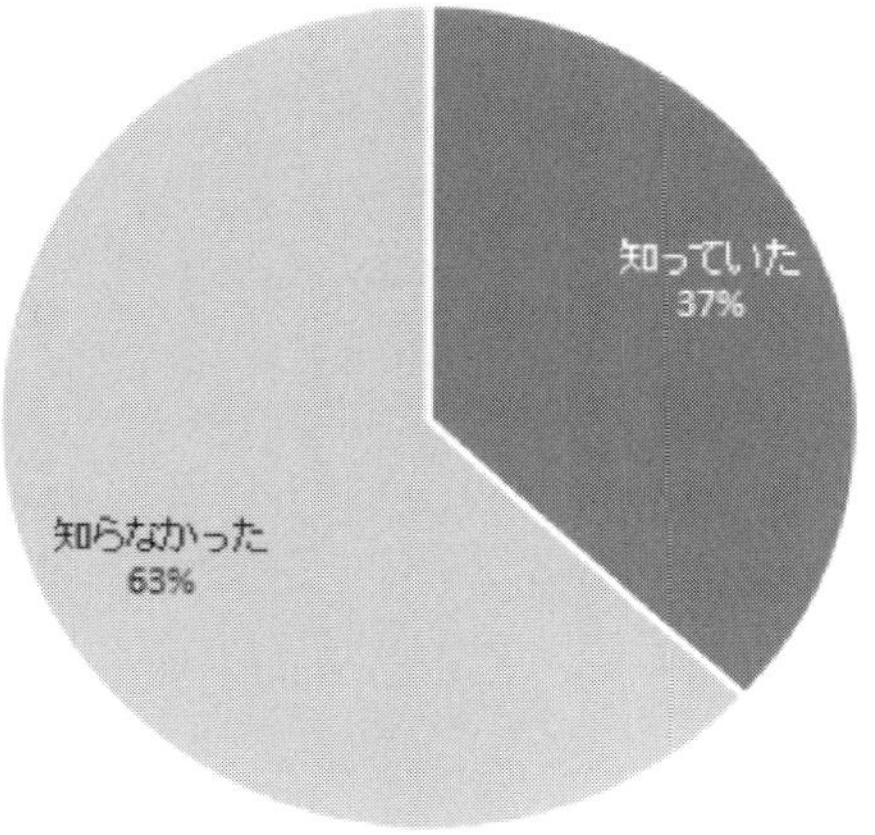

図表 3-7　災害時相互応援協定を結んでいたことを知っていたか
（会津美里町調査（平成 23 年））

度が低くなっている。

各種協定は、締結しただけで住民の認知度が上がる訳ではなく、協定に基づく実践の積み重ねが認知度を高めることになる。災害時相互応援協定については、協定は締結されていたものの、合同の避難訓練など協定に基づく具体的な取り組みは行われていなかった。全国的にも多くの自治体が災害時相互応援協定を締結しているが、協定締結にとどまらず、防災面での交流を実践していくことが課題をいえる。

■会津美里町への避難を決めたことに対する評価（納得度）

楢葉町役場が１００キロ以上離れている会津美里町への避難を決めたことについて、避難住民はどのように感じたのだろうか。会津美里町仮設住宅入居者において、会津美里町への避難を決めたこと対する納得度は**図表３―８**のとおりである。納得できた、ある程度納得できたと感じている割合は89％となって

図表 3-8　会津美里町への避難を決めたことについての納得度（会津美里町調査（平成 23 年））

図表 3-9　会津美里町への避難を決めたことについての納得度（いわき市調査（平成 23 年））

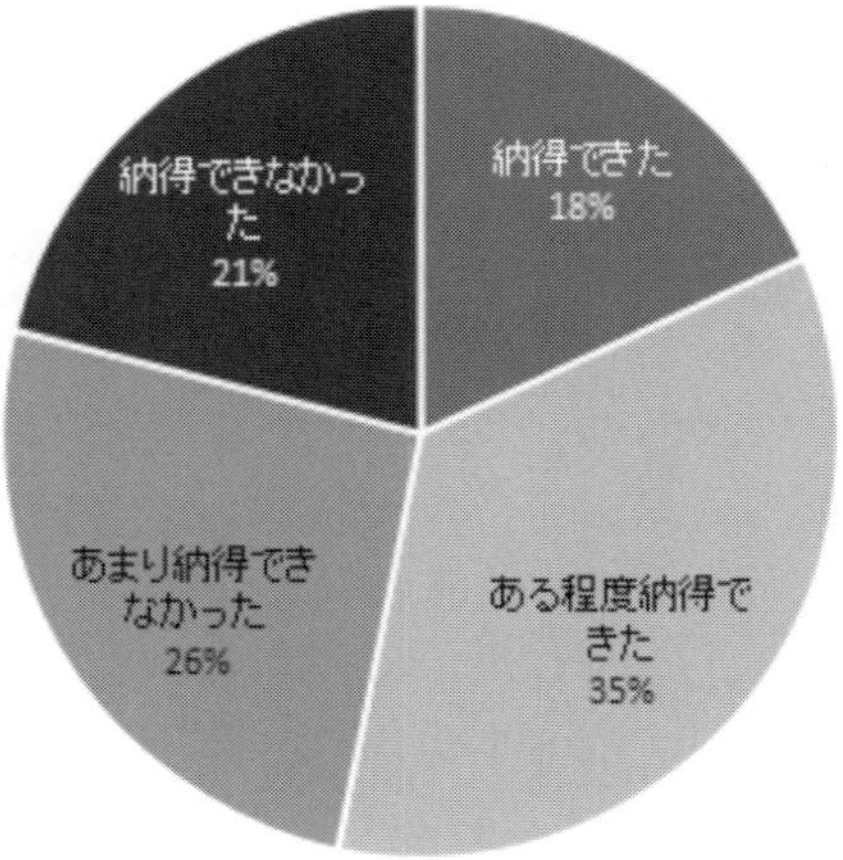

おり、高い数値を示した。一方、いわき市調査の結果は**図表3—9**のとおりであり、納得できた、ある程度納得できたと感じている割合は53％であった。前述のとおり、会津への避難を決断した楢葉町だが、全住民の半数以上の住民がいわき市での生活を選んだ[1]。それにもかかわらず、53％の住民が納得できた、ある程度納得できたと感じたことを踏まえると、会津美里町への避難という判断に対し、楢葉町民が概ね納得できていたといえるだろう。

また、会津美里仮設住宅入居者を対象とした**ヒアリング調査**[2]においても、会津美里町に避難したことについて、21名中20名が良かった、まあまあ良かったと回答している。良かった理由としては、「楢葉町の風景やのどかさに似ていて安心できる」「会津の人柄の良さ」「地震や放射能が少ない」「子どもが元気に過ごしている」などがあげられている。また、良くなかった理由としては「浜通りの方がいい。浜の方がおおらか」としており、夏の暑さや冬の雪など気候の違いに対する不安もあげられている。一方で、「会津の仮設住宅は暮らしやすいし、特に困っていることはない」といった意見や「会津の冬はどんな

1　２０１１年８月21日現在の楢葉町民の所在状況は、人口８０５２人に対し、所在確認済み８０３２人（99・8％）、いわき市４４０９人（55％）、会津美里町５３９人（7％）であった（楢葉町役場調べ）。

2　アンケート調査において、福島大学の学生による聞き取り調査に協力できると答えた方（21世帯）に対し、２０１１年9月、福島大学今井ゼミの学生による調査を実施した。

図表 3-10　避難先での会津美里町民との交流（会津美里町調査（平成 28 年））

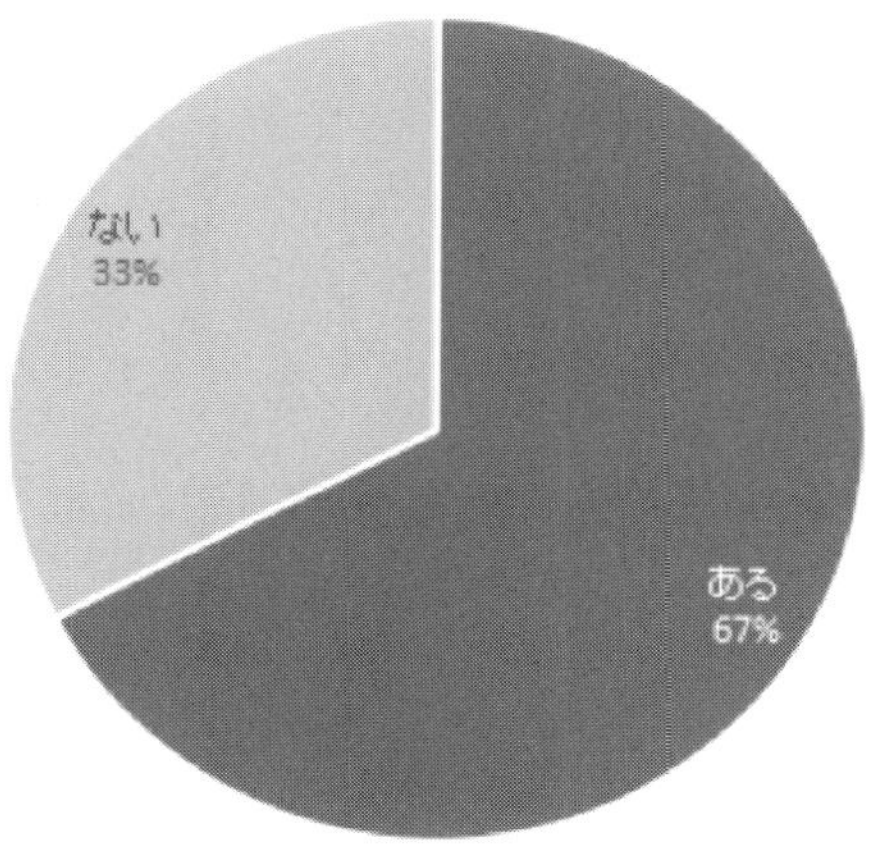

ものか分からないけれど、体験してみなきゃ」といった前向きな姿勢も確認できた。その後、福島大学今井ゼミが継続的に調査を実施しており、２０１４年９月調査では33名中29名が、２０１５年９月調査では30名中30名が、良かった、まあまあ良かったと回答している。

その要因の１つとして避難先での町民同士の交流があげられる。会津美里町調査（平成28年）において、避難先で会津美里町民との交流があると答えた割合は67％となった（**図表３―10**）。その交流が避難住民に及ぼす影響の大きさは計り知れない。

■これからの生活に対する不安

これからの生活で不安に思っていることについて、避難当初（２０１１年）と現在（２０１６年）を比較したものが**図表３―11**である。会津美里町調査（平成23年）では、特徴的な点として、冬期間（雪）に対する不安があげられる。会津美里町へ避難した時期は雪混じりの寒い時期が続いた。楢葉町と会津美里町の気候の違いに対する不安の大きさが読み取れる。また、収入に対する不安とともに、住まいや放射能の影響に対する不安も確認できる。

図表 3-11　これからの生活で不安に思っていること［複数回答］
（会津美里町調査（平成 23 年・平成 28 年））】

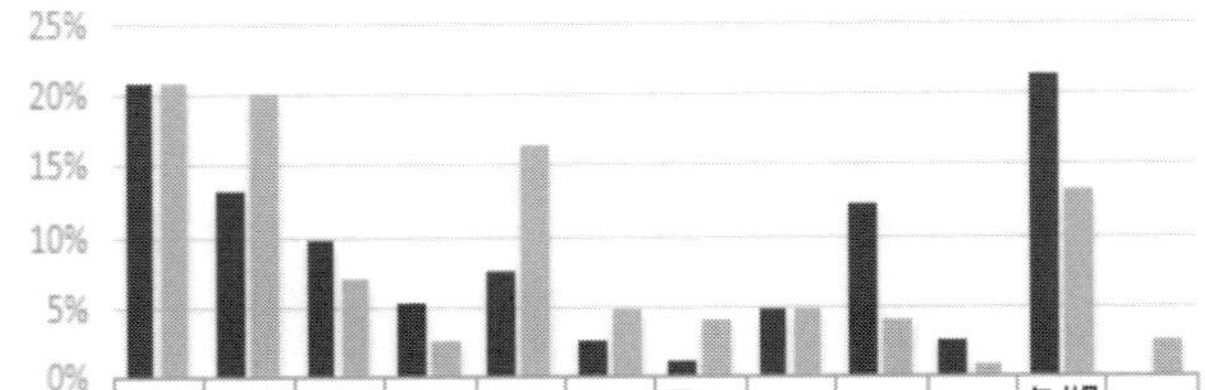

	収入	住まい	子供の就学	親などの介護	自分や家族の病気	近所づきあい	買い物などの日常生活	役場からの支援	放射能の影響	風評被害	冬期間（雪）のこと	特に不安はない
会津美里町調査（2011年）	21%	13%	10%	5%	7%	2%	1%	5%	12%	2%	21%	0%
会津美里町調査（2016年）	21%	20%	7%	2%	16%	5%	4%	5%	4%	1%	13%	2%

一方、５年後の会津美里町調査（平成28年）での特徴的な点として、自分や家族の病気に対する不安の割合が大きくなっていることがあげられる。単身世帯や高齢者が多いことに加え、避難生活の長期化に伴う健康面での不安が顕著に現れたものと判断できる。楢葉町会津美里出張所の職員は「震災から6年目に入り、これまで元気だった人が元気でなくなるケースが見られる。一人で生活していて亡くなった方も何人かいる。骨を拾いに来てくれる人が誰もいなくて、仮設

図表 3-12　賠償金が打ち切られた場合、生計の目途は立っているか
（会津美里町調査（平成 28 年））

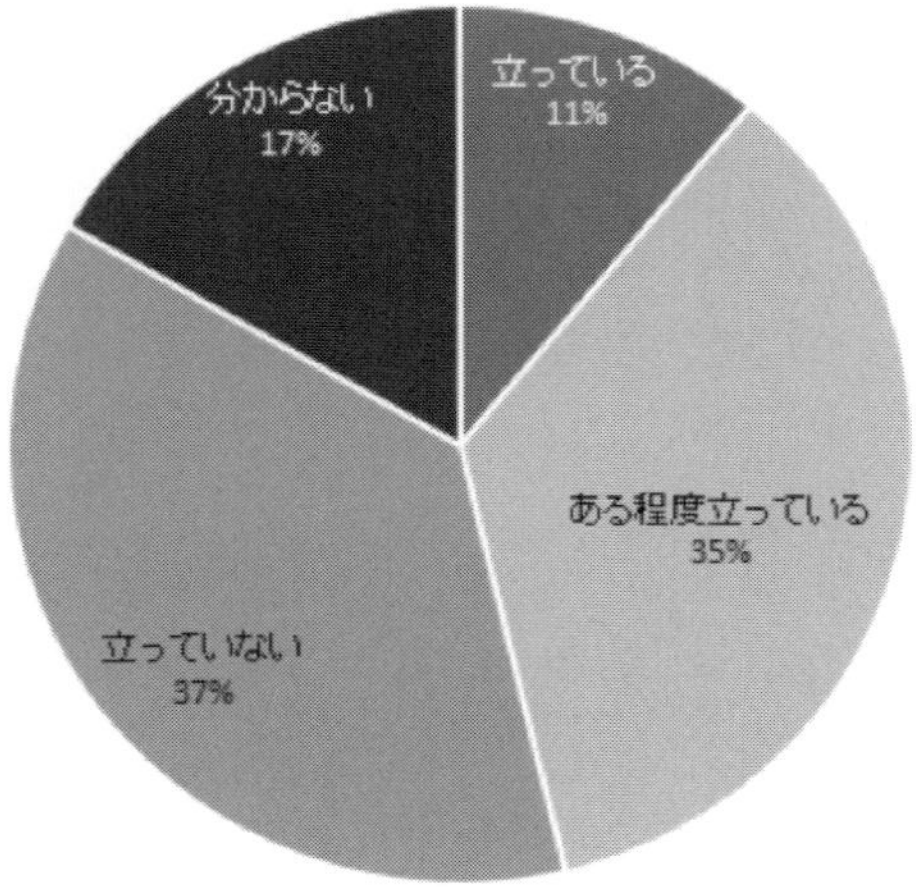

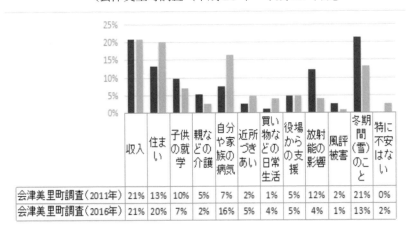

のみんなで骨を拾ったことがあった」と話す。避難生活の長期化に伴う課題として、認識する必要がある。

また、収入に関する不安に関連し、会津美里町調査（平成28年）では、今後、賠償金が打ち切られた場合、生計の目途が立っているか確認した（**図表３―12**）。立っている、ある程度立っているの割合は46％にとどまっている。賠償金があるうちは普通の生活ができていた避難者が、賠償金が打ち切られた後、どうやって生活していくのか。国や自治体の政策が復興や帰還に向かうなか、避難者の個々の生活に対しどのような支援ができるのか、課題としてあげられる。

■将来の帰町の意思と住民票の異動

会津美里町調査（平成28年）では、将来の帰町の意思について確認した。その結果が**図表３―13**である。楢葉町へ帰ると答えた方は31％にとどまっており、帰りたいが帰れない、帰らないを合わせると約半数の45％に達する。現段階で判断できないと答えた方も24％存在している。

また、楢葉町に帰りたいが帰れない、帰らないと答えた方に対し、住民票の異動の有無を聞いた結果が**図表３―14**である。異動すると答えた方は16％にとどまっている。現状と同様、住民票を楢葉町においたままとする回答が44％に達しており、判

図表 3-13　将来的に楢葉町へ帰る意思は
（会津美里町調査（平成 28 年））

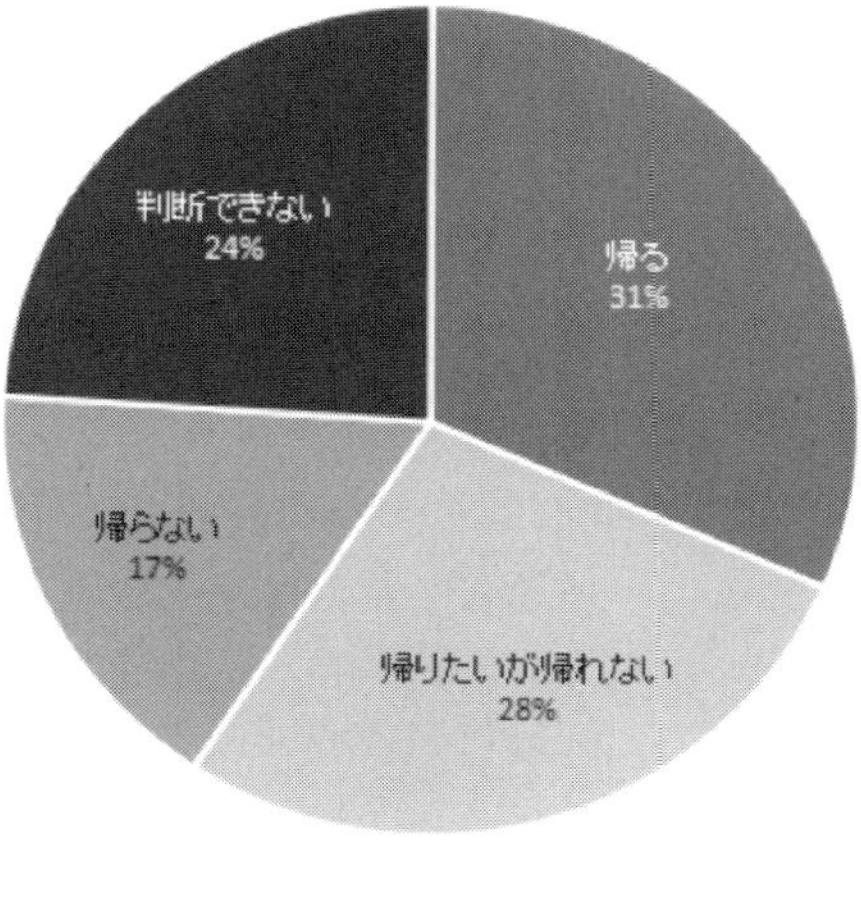

図表 3-14　（楢葉町に帰らないと答えた方）住民票は異動するか
（会津美里町調査（平成 28 年））

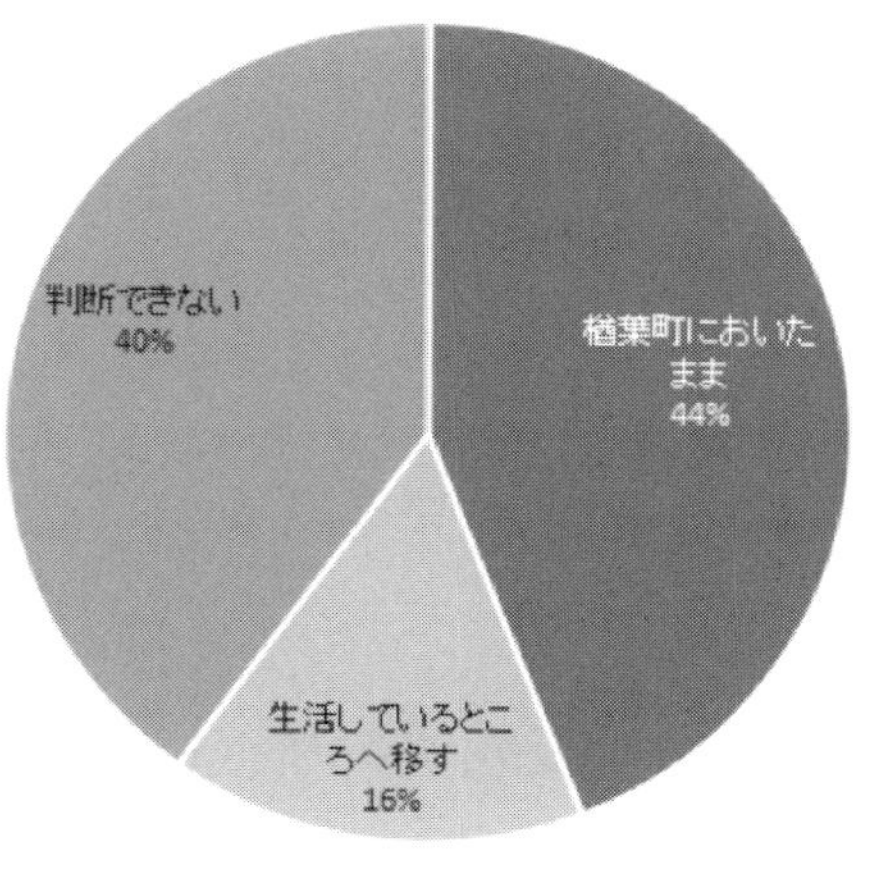

断できないと答えた方も40％に達している。

会津で生活している避難者の一人は「今の自分の気持ちとしては、会津が主で楢葉が従。いつまでも悩んでばかりいられない。会津で生計を立てていくつもり。でも、いくらかでも楢葉に残しておかないと、と思う。お墓もあるし、農地もある。息子、娘に楢葉の思いを伝えたい。まるっきり切ることはできない。故郷を２つ持つ可能性はあると思う」と話す[3]。

これらの状況を踏まえれば、「楢葉町に戻る（帰還）」「楢葉町に戻らない（移住）」を強制的に選択させるのではなく、「帰還」でも「移住」でもない第三の道、短期的に「帰還」か「移住」かを決めなくてよい**「待避（広域・超長期避難）」**[4]を認める制度設計が急務である。

3　２０１６年5月31日に実施した、元楢葉町職員とその奥さんに対するヒアリングより。

4　今井照（２０１４）『自治体再建―原発避難と移動する村』筑摩書房、１５７頁。

■避難住民の思い（自由意見欄から）

避難住民の思いをより深く検証するため、アンケート調査の自由意見欄に記載された内容をもとに、より多くの意見や特徴的な意見について整理した。それぞれ、切実な思いがにじみ出ている。

■今後の生活に対する不安

会津美里町調査（平成23年）においては、避難当初から仮設住宅での生活に対し、夏の暑さや冬期間の生活に対する不安など楢葉町と気候の違いによる不安の声が多く寄せられた。また、将来を絶望視する意見もあった。

・仮設住宅は毎日すごく暑い日が続きますね。楢葉の暑さとは比べものにならないですね。身体がバテそうです。（60代／男性）
・ただ一つ心配なことは、冬の雪のことです。車の運転や生活の中でどのように影響するかが、とっても気がかりです。（40代／女性）
・冬、雪のことはとても不安に感じています。除雪はしたことがないので、子ども達に対して車の運転（仮設住宅の周辺）とても心配しています。（40代／女性）
・美里町に対してはなにもない。不平や不満はたくさんあるが、帰れる家がある人に何を言ってもしょうがない。希望もない。ただ楢葉の家に帰りたいだけ。そして死を待つだけ。（30代／女性）

会津美里町調査（平成28年）では、現在の生活に対する不安とともに、楢葉町の現状や将来の生活に対する不安の意見が寄せられた。

・すべてにおいて困っている。（70代／男性）
・美里町に残っている住民にも目を向けてください。（40代／女性）
・会津美里町に住みはや5年の月日が流れた。無駄な時が流れ去ってしまったが、美里にすみ10～15年も住んでいるような現実。本当に住み慣れた第二の古里だよ。ここが俺の終の棲家だよ。楢葉サラバよ…（70代／男性）
・町へ2、3日帰りましたが、周りが空き家なので夜は不気味です。今後も帰るという人がいません（周りには）。これから期待していますが、買い物などとても不便です。ペットのことも考えています。（70代／女性）

・新年のお茶会、毎年おいしく抹茶を頂いております。娘家族、昨年土地、家を新築、美里町にお世話になります。それ故、楢葉町へは私1人で心細い限りです。仕方がありません。私の為に部屋も作ってもらっていますが…月に1～2回楢葉町役場の用意していただく日帰りバスで戻っていますが、この時期雑草が茂って、がっかり！なかなかはかどらず悩んでいます。（70代／女性）

■会津美里町への感謝

会津美里町調査（平成23年）からは、避難当初からの会津美里町に対する感謝の思いが特に多く寄せられた。突然、会津美里町への避難を余儀なくされたなかで、避難所等における様々な支援や小中学校の対応に対する感謝の思いが述べられている。また、仮設住宅への入居により、とりあえず落ち着くことができたことに対する安堵感とともに、今後の生活に対する前向きな思いも読み取れた。

・各地を転々として現在仮設にお世話になっています。7回目の移動でした。色々なことがあり思い出すと涙が出てとまりません。大声で泣いたこともありました。でも会津に来て、会津の人たちのあたたかさにふれ、元気を取り戻しつつあります。特に赤沢小にいた頃はなつかしく、とても良い思い出になっています。本当にお世話になっています。（60代／女性）

・会津の方の心は温かいです。感謝。逆な立場だったら、私たちはここまでできますかね？不安だらけの毎日ですが、会津の方の笑顔に「明日もがんばんなきゃ！」と思います。今は前向きに何事も考えながら生きていくだけです。たっぷり甘えていますが、本当は『楢葉に帰りたい』。（40代／女性）
・3月17日、突然の会津への移動の指示。故郷から離れる心はもう不安で…会津に来て早4ヶ月。センターでのくらし、ホテルでの暮らし、みなさんあたたかかった～中学での子どもへのあらゆる支援物資、感謝感謝です。（40代／女性）
・避難当初からたくさんの支援ありがとうございます。特に、小・中学校の対応には、どれだけ感謝しても足りないくらいです。ＰＴＡの方々からも、制服の寄付など一つ一つの不安要素を解消してくださり、地元企業からの寄付や仮設への対応、先が見えない不安はぬぐいきれない中で「前向きに生きる」ことへ背中を押してもらっていると思います。後ろを振り返れば辛くなるだけなので…（30代／女性）

震災から6年目を迎えた会津美里町調査（平成28年）においても、会津美里町に対する感謝の思いが寄せられた。また、楢葉町へ戻ってからも、会津美里町との関係を継続していこうとする前向きの意見も見られた。

・町に戻ることには不安もあるけれど少しずつ前に進まなければ何も始まらないので…美里町の方々には子ども達もそうですが、私も含めて大変お世話になり、よくしていただいて感謝の気持ちでいっぱいです。街に戻っても会津美里町には足を運び

たいと思います。(40代/男性)

・会津美里町の皆様へ。震災以降大変お世話になっています。あたたかな声をかけて頂いたり、いろいろ気遣いして下さって本当に感謝をしています。子どもも中学、高校と沢山の友達に恵まれ穏やかな学生生活を送ることができました(来春高校卒業予定)。なかなかお礼の気持をお伝えする機会がなかったので、この場を借りて御礼申し上げます。(50代/女性)

・会津美里町の方にはほんとうに親切にしていただきました。ただ感謝あるのみです。この町が大好きです。この町に住みたいと思いますが楢葉の自宅がありますので、来年中には戻る予定です。楢葉町に既に戻った方々が頑張っていますので、戻りましたら、町がより前進できるよう協力していくつもりです。(60代/女性)

4　最後に

本章では、原子力災害というこれまで経験のない大規模災害において、住民の避難にあたり、住民の生命や財産を守る究極の使命を持つ基礎自治体同士の連携が有効に機能したことを明らかにした。そしてその連携は、住民同士の普段からの交流があったからこそ有効に機能したのであり、避難先住民との交流が避難住民の意識に大きな影響を及ぼしたことも確認した。

しかしながら、避難生活の長期化のなかで、時間の経過とともに、避難住民の生活実態や意識の変化も確認できる。必要とする支援の内容は多種多様であり、行政機関として、常に住民の声に耳を傾け、柔軟でかつ、的確な判断が必要となっている。今後、仮設住宅の退去時期や賠償金の打ち切りが決定した時、避難住民はどこで生活し、どの自治体の住民となるのか。これまで見過ごしてきた、住民登録（住民票）の存在も大きな課題となる。

原発事故は人災である。したがって、避難住民の地位は、国の都合による視点から括るのではなく、避難住民の生活実態や住民としての権利・義務の観点から整理すべきである。避難住民に対する法制度としては**原発避難者特例法**[5]があるが、この制度は、避難住民を行政サービス（地方公共団体による適切な役務の提供）の受手としての側面しか捉

5　東日本大震災における原子力発電所の事故による災害に対処するための避難住民に係る事務処理の特例及び住所移転者に係る措置に関する法律（２０１１年８月12日公布・施行）

えていない[6]。

今回の災害では、基礎自治体が地域住民の避難を最優先に行動し、その結果、避難住民の最後と砦として、心のよりどころとして機能した。ところが原発事故から6年目を迎えた現在、国主導による復興という名のもと、避難住民の帰還政策を進め、原発事故の終息に邁進している。そのこと自体を否定するものではないが、警戒区域等が解除された自治体において、帰還者はその一部にとどまっている。将来、どれだけの住民が帰還し、住民票を異動せずにとどまるのか。多くの自治体が危機感を感じているが、自治体の復興にあたり、既存の住民基本台帳に基づく人口概念が本当に重要なのだろうか。必要なのは、いかにして地域社会を復活させ、地域社会においてこれまで同様の生活ができるがどうかである。このことは、原発避難自治体に限らず、多くの人口減少自治体にもあてはまる。地域社会を維持していくためには、住民が必ずしも1か所にとどまる必要はなく、また、３６５日、24時間住んでいなくても可能なはずである。例えば、避難者の証言（１２６ページ）のとおり、二地域居住を制度化し、避難先、避難元それぞれの地域で、住民としての権利と義務を保証することも考えられる。その場合、自治体連携のあり方も大きく変わってくるだろう。

既存の制度や概念にとらわれず、これを機に、改めて、「自治体」とは何か、自治体の構成要素である（と考えられる）「住民」とは何か、住民の要件である（と考えられる）「住所」とは何か、再定義する必要があるのではないだろうか。

6　今井照（２０１１）「原発災害事務処理特例法の制定について」『自治総研』通巻３９５号

第 4 章

震災と庁舎復旧

～福島県国見町の経験を踏まえて～

安藤　充輝（国見町）

1　庁舎の災害防御～被害は想定を超えた～

東北の自治体も台風や爆弾低気圧による風水害や土砂災害を幾度も経験している。特に近年は天気予報の精度も上がっており、台風等の進行状況や速度を読むことで、西日本の自治体と比べると若干の準備時間が許されている。しかし地震には、このような猶予は与えられない。

これまで福島県における東日本大震災からの教訓については、津波被害や原発事故による放射能災害が、その被害と影響の大きさからクローズアップされてきた。

しかし筆者が勤務する福島県国見町は津波による直接的な被害はなく、むしろ震度6強の揺れによる地震災害と役場庁舎の再建という点において、２０１６年熊本地震で被災した九州の自治体と共通点があり、今後の自治体における地震に対する対応について参考となる事象も多くあると考えられる。

そこで本稿では、筆者が経験した課題を体験的に整理し、現在も復旧復興に当たっておられる方々や将来の震災対応を検討される方の参考に供したいと考える。

■情報化の波と変わる役場の仕事

国見町では震災の1週間前に震災の前震とみられる震度4の余震があったが、この地方では、その程度の地震はたまに起きることであり、別段気に留めることもしなかった。筆者は小学生のとき**宮城県沖地震**[1]を経験していたが、当時の震度は、５以上でも強弱の区分はなく、当時公表された震度は「５」であった。小学校から帰って、原っぱで友達と野球をしていたとき突如、強い揺れに襲われ立っていられなくなった。思わず四つん這いで地面の草を掴んでいたことを覚えている。

この地震で最も被害を受けたのが、当時は木造であった国見町役場の初代の庁舎であり、翌年には災害復旧事業として鉄筋コンクリート造りの２代目の庁舎に建て替えられることになった。しかし、東日本大震災では、この庁舎がさらに被災し、全壊したのである。

災害からの庁舎の防御は、災害時の司令塔としての機能を維持するだけでなく、庁舎内に収納されている、個人情報や行政情報の保全のためにも必要なことである。

特に１９９８年ごろからは、役場の仕事が大きく変化していった。情報化の進展である。国見町では、２００１年３月に策定した総合計画において「情報通信基盤の整備とＩＴの導入」を計画に盛り込んでいた。そこで、２００１年度から町内の主要施設を光回線で結ぶ事業に取り組み、町内の公共施設18箇所を15・6キロの光回線により高速ネットワークで結んだ。さらに２００３年度からは、職員一人につき一台のパソコン端末の配置を進め、**グループウェア**[2]をはじめとする各種システムを整備した。２００８年１月からは住民基本台帳や税情報、国民健康保険、介護保険などを一括して管理する総合行政システムを導入し、住民情報を横断的に一括して運用することとした。このシステムは、役場の行政事務のスピードと質に大きな変革をもたらした。一方で、システムな

1　１９７８年６月12日に発生したマグニチュード７・４の地震。

2　グループウェアとは、企業など組織内のコンピュータネットワークを活用した情報共有のためのシステムソフトウェア。ネットワークに接続されたコンピュータ（のユーザー）同士で情報の交換や共有、またスケジュール管理等の業務に利用される。国見町役場では庁内ネットワークによって、電子メール、電子掲示板、会議室予約、公用車予約を運用していた。

しの行政運営は考えられず、ひとたび向上したＩＴ環境の質を落とすことは困難となった。当初は操作に戸惑う職員もいたが、便利なシステムに慣れれば慣れるほど、その環境は当たり前のものとなっていった。

しかし、どのようなシステムでも、老朽化がはじまるとハードの故障やシステムトラブルが頻発するようになる。フルメンテナンスに伴う莫大な保守費を嫌うと、スポットメンテナンスを行うしかないが、いずれ修繕費の増加は避けられない。

ＯＳ[3]のサポート期限が満了を迎える頃には、**ＩＴベンダー**[4]から機器更新の提案を受けても、高額な見積もりを前に現状システムを維持することが精一杯となっていった。

また、国見町のような小規模自治体では、急速に進展する情報通信技術に担当者の知識・技術が付いて行かなくなりつつある危機感が芽生えていった。いずれは直営によるサーバの維持管理が困難となるのは明らかであった。

3　ＯＳとは、Operating System の略で、コンピューターを動かすためのソフトウェアのこと。パソコンにおける Windows のようなもの。

4　庁内で使用するシステムの供給先のことで、国見町役場では日立情報システムズが担当していた。

■行財政改革の視点からの情報化の進展

同じころ、国見町では行財政改革の一環として行政評価の導入を開始していた。目玉は全庁的に影響が見込まれる大きな課題について、町長、副町長の同席のもと、全管理職が一堂に会し、事務事業の点検を行う「事務事業評価会議」を開催し、町としての方針を決定することにあった。

そこで筆者らは、この会議の議題として情報システムの管理事業の問題点を提起した。しかし、その結果は筆者らが意図したものとは大きくかい離するものとなった。参加者全員の注目が集まったのは、システムの更新に伴う発生費用の大きさであり、「システムの比較検討が不足しているのではないか」、「ＩＴベンダーの言いなりの見積もりではないのか」、「もっと安いＩＴベンダーを探す努力が欠けているのではないか」といった指摘が飛び交い、挙句の果てに「なぜ問題の発生するシステムを導入したのか」といった議論になっていった。

　これらの議論の経過については、率直にＩＴベンダー側と共有し、このままでは到底新しいシステムへの更新は困難であることを伝えた。

　しかし、これらの課題はＩＴベンダーを変えたとしても、いずれは発生する課題であり、むしろシステムの構築方法の在り方を検討すべきとの結論に達し、その費用を抑えながら新たな方法を探す検討を始めた。

　国見町では、総合行政システムを導入して以来、データは全て役場庁舎３階にある情報センター内のサーバ室で管理していた。このため通常の保守業務は、システムエンジニアが役場まで出張しサーバ室で作業を進めていた。しかし検討をすすめるうちに、民間のデータセンターを活用し、サーバの保守管理も一括して委託することで、今までのリース料を上回る経費を削減できることもわかった。これが**情報資産のクラウド化**[5]を決断するきっかけとなった。

■ネットワークの安定稼働のために

　次の問題は信頼できる通信回線の確保であった。その対策としては、ＮＴＴの光回線やＮＴＴ以外の光回線、さらに**ADSL回線**[6]を確保することで**冗長化**[7]を図ることとした（実際、震災時には公共施設の回線復旧が優先的に実施された）。また

5　情報資産を庁内には置かず、専門業者のサーバで運用すること。当時はまだ一般的ではなかった。

6　ADSL回線とは、一般家庭にある電話回線（アナログ）を利用したインターネット回線のこと。

7　システムの一部に何らかの障害が発生した場合に備えて、障害発生後でもシステム全体の機能を維持し続けられるように、予備装置を平常時からバックアップとして配置し運用しておくこと。国見町役場ではNTT回線に障害が発生した場合に備えて東北電力系の通信回線をバックアップ用として活用することとした。

用意した回線は住基ネットと同等レベルの回線であるが、通信費用が多少増加しても、サーバが庁舎からなくなれば、その管理に係る経費を削減することができた。この見通しが成り立った時、情報資産のクラウド構想は現実の検討課題として浮上した。

かつて国見町では、総合行政システムを導入する以前は、各種データ処理を町外の電子計算会社に委託していた。このため、長年の関係で信頼できる業者との間で各種データのやりとりをすることには抵抗が低かった。この考え方を敷衍すれば、データを外部のサーバに保管し利用することは、以前の方法と大差ないということで関係者の理解も得ることができた。

その後、他のベンダーとの費用比較を行ったが、いずれもデータ移行費がネックとなり、同一ベンダーによるシステム更新を図ることで町の方針が決まった。**標準プラットホーム**[8]で作られる以前のシステムは、ベンダー各社が独自に開発したシステムのため、互いのデータ管理方法がまちまちであり、ベンダーを変更するたびに発生するデータ移行費は、予算要求のたびに説明に苦慮するものであった。

そこで、新たに導入するシステムにおいては、**カスタマイズ**[9]を極力抑えるとともに、スムーズなデータ移行を図ることで経費を抑え、総合行政システムの更新とクラウド化に向けた理解を得ることができた。かくして2011年3月に議会に提出した当初予算が議決されれば、11月には、情報資産のクラウド化が実現する見込みであった。

■震災前に想定した災害への備えとは

最後に課題として浮上したのは、民間データセンターの信頼性であった。これまでも

8　プラットフォームとは、あるソフトウェアやハードウェアを動作させるために必要な、基盤となるハードウェアやOSなどのこと。これを標準化（共有化・非依存化）させることでシステムの移行コストを低減させることができる。

9　カスタマイズとは、ユーザーの好みと使い方に合わせて、システムやソフトウェアの機能などを設定し直すこと。カスタマイズによるシステムの改修の費用負担は大きく、導入のネックになる恐れがあった。

役場庁舎のサーバ室は、筆者ら情報担当部署が管理する二重のカギでロックされており、作業に当たっては入出者の出退を台帳で管理していた。さらに室内には防犯カメラを設置し24時間の定点監視も行っていた。しかし視察した民間データセンターでは、防犯カメラはもちろん、サーバ室への入出に当たっては、生体認証をはじめ、役場庁舎のサーバ室を遥かに上回るセキュリティに守られていた。また、常に自家発電と太陽光発電が行われており、外部からの電気の供給も別々の変電所から供給を受けるなど専用施設としての対策が取られていた。しかも、何の変哲もない施設の外観は、周囲にデータセンターの存在を感じさせず、民間データセンターに対する信頼性は大いに増した。

前述の事務事業評価会議では、庁舎停電時のサーバ運用についても課題となっていた。そこで筆者らは、関係部署と共同で、庁舎の停電実験を行っていた。まず役場庁舎を非常用電源に切り替え、サーバ室に電力を供給した後に、全職員の端末、プリンタを稼働させ、通常業務と同じ環境のまま、庁舎の非常用発電装置のみで全庁の機能が稼働できるかを確認した。問題となるのは燃料（軽油）であったが、たまたま庁舎の真向かいにガソリンスタンドがあるため、万が一の場合は、ドラム缶により常時給油することが可能であると思われた。

しかし皮肉にも、半年後の東日本大震災による庁舎の被害は、この実験が結果的に役に立たないものであったことを証明した。最初の地震の振動により、庁舎の電気設備は深刻なダメージを受け、肝心の自家発電装置は周辺の液状化により倒壊し、発電は不可能であった。もし運よく稼働できたとしても、震災当時の燃料不足を鑑みると、果たして何日間稼働できたかはわからない。

地震の揺れが収まった時、役場庁舎は非常用発電装置を含む電気系統と電話回線などの通信機能を失い、役場としての機能を喪失していたのである。その間、震度計は、停止するまでに震度6強の揺れを観測し続けていた。

■大地震発生、その時

２０１１年3月11日は金曜日で、国見町でも中学校の卒業式があったため3月議会は休会日であった。12月議会では、総合計画の基本構想が議決され、新しいまちづくりの第一歩がスタートしようとしていた。前日までの一般質問や議案調査会でも大きな問題はなく、翌週の本会議で当初予算が議決されれば、新年度に向けて準備が始まるところであった。

そのような中、突如ポケットに入れていた携帯の警報が鳴りだし、同時に大きな揺れが始まった。揺れているうち、事務室の外では火災報知機の警報も聞こえてくる。事務室から窓の外を見ると、周辺の住宅の外壁が次々と壊れていく様子も見え、容易ならざる事態を感じた。長い揺れの間、自分の周りから色々なモノが飛んでくるが、机にへばりつき、立っているのが精いっぱいである。

気が付くと事務室は書類やファイルが散乱し、足の踏み

写真 4-1　筆者が勤務していた役場２階の事務室

写真 4-3　車庫から飛び出したマイクロバス

場もない。揺れが終わり、上司に声をかけられると、我に返った。そこで係の仲間の無事を確認すると、机の書類を踏みながら外に出た。

庁舎から出ると、建物の基礎からは、液状化した水が噴き出していた。駐車場の地面は下水管が陥没して何台かの車が、その穴に落ちていた。車庫に停めてあったマイクロバスは、シャッターを突き破って飛び出している。サイドブレーキを引いていた車でさえ、一メートル近く移動している。

役場駐車場にある防災倉庫の前には職員が集まっていた。上司からは庁舎周辺の様子を徒歩で確認するように指示を受けたため、庁

写真 4-2　役場窓口の写真

舎に戻り、更衣室のロッカーから防寒具を持ち出すとスーツの上に着込んだ。徒歩で役場周辺を歩くと、瓦が落ちた家、崩壊した家、道路に垂れ下がった電線。今までに見たことのない光景を目の当たりにして、恐怖より、自分の血が逆流するような、不思議な昂揚感や興奮を覚えた。

しかし本部となった駐車場は露天である。折しも寒風と雪のため、本部を庁舎から600メートルほど離れた**観月台文化センター**[10]のロビーに移転することとなった。それが4年あまりの仮庁舎暮らしの始まりであった。

■被災庁舎から避難住民の支援へ

その日は、係の全員を率いて街の北西部にある避難所に泊まり、避難してくる住民とともに一夜を過ごすこととなった。

避難所に向かう途中のラジオでは、地震被害の状況について、テレビと同時放送で伝えていたので、さっぱり状況がわからない。とても現実の事とは思えなかったが、途中で崩壊した建物や新幹線の架線が倒れているのを見て、地震が現実であることを改めて思い知った。

しかし、これまでの経験からすれば、地震の津波など、せいぜい数センチから数十センチ程度であり、この時はまだ、原発に何か起きるなど気にも留めていなかった。

避難所に到着すると、あたりはすっかり暗くなっていた。すでに地元の消防団が施設に入っており、発電機で灯りを確保していたおかげで、かろうじて中の様子がわかった。我々が活動を開始してからも、続々と近隣の住民が避難してくる。

10　1994年に開館したコンサートホールや図書室などを有する町立の複合的文化施設。ベーゼンドルファー社の最高級モデル「イペリアル」を所有している。

写真 4-5　体育館に避難する方々

気が付くと外は本格的に吹雪始めていた。私はポケットから煙草を出して外に出てみた。町の高台にあるこの施設は、夜景がきれいに見える施設だった。しかし今宵は停電の暗闇で、遠く地元の公立総合病院の光だけが浮かんで見えた。時折、ヘリコプターの編隊が北に向かって飛んでいる。

家族からは無事を知らせる携帯メールが断続的に入っていたが、連絡はままならず、仕方がないので煙草をふかしながらメール送信をチャレンジしていた。その間も、足元には雪が降り積もっていた。

しばらくすると上司が役場のワゴン車で被災者に配る毛布を持ってきてくれた。そして、「明朝、交代要員を出すまで避難所を管理するとともに被災者保護に当たれ」との指示を受けた。

写真 4-4　東北新幹線の架線が倒れている

私がロビーの椅子に座っていると係員の一人が私に乾パンの缶詰と水を渡してくれた。私は初めて乾パンの缶詰を開けた。乾パン自体に味があるわけではなく、中に金平糖が入っていたので齧ってみると口の中に甘さが広がり、気持ちが落ち着いた。そして役場から避難するとき、ポケットにキャラメルを入れていたのを思いだして、係の仲間にそっと配った。

■震災初日〜避難所の夜〜

避難する方々の対応をしているうちは、車に戻ってカーラジオを聞くわけにはいかない。

震災が発生して4時間たっても周りの状況がわからない状態が続いていた。そもそもテレビと同時中継のラジオでは、自分の置かれている状況が分からない。町境にある公立総合病院の電気がついているが、電気が来ているのか、自家発電によるものか。果して、この近隣だけが被害を受けているのか。

避難してきた住民の方が、「海岸では津波が来て、浜通りでは甚大な被害らしい」と話をしているのが耳に入った。まだ私は津波被害など信じていなかった。時計を見ると20時を過ぎていた。大規模災害では、被災者を不安にさせるデマに注意をせねばならない。そこで私はチームの一人に食料の確保と情報収集を頼み、施設から送り出した。

ロビーに戻ると、地元の町内会長たちが集まっていた。誰かがラジオを持ってきたようだ。ラジオでは、津波被害で浜通りの各地が甚大な被害を受けたこと、常磐線の駅舎が流されたこと、仙台空港が津波で閉鎖されていること、仙台空港の周辺では津波の一部が国道４号線まで到達したことを伝えていた。

その間も何度も余震が続いていたが、携帯の電源を切っていたので、緊急地震速報も鳴らず、余震も気にならなくなっていた。むしろ余震のたびに和室から悲鳴のような声が聞こえると、何ともいたたまれない気持ちになった。気が付くと外の吹雪は、しんしんと降り積もる雪に変わって、朝までさらに10センチ以上の雪が積もりはじめた。

90分ぐらい経ってから、外の様子を見に行った仲間が缶コーヒーとタバコを持って帰ってきた。どこも停電しており、雪も激しく、動ける状況にないという。

深夜になると避難してくる人もいなくなったので、交代で仮眠をとることとし、私はライトバンの後部座席で丸くなっていた。カーラジオをつけると、地元のラジオ福島のアナウンサーが声を詰まらせながら被害の状況を伝えていた。いつも聞きなれているベテランアナウンサーが声を詰まらせてニュースを読んでいる声を初めて聴いた。

ＮＨＫラジオに切り替えると、東京からではなく、仙台放送局からの放送で東北全体の被害を伝えていた。ラジオ福島のアナウンサーからは、「朝の来ない夜はありません。みなさんといっしょに朝が来るのを待ちましょう」と励まされた。朝になると、遠く阿武隈山地の方から明るくなってくるのがわかる。筆者は翌日の集合時間に遅れないように、寝過ごさないことを心配していた。

■震災２日目の朝

朝の光が見えたころ、外であたりを見回すと、いつの間にか雪は止んで、いつもと変わらない里山の朝がそこにあり、何事もなかったように、田園は雪の衣をまとってキラキラと輝いていた。

　私は係の仲間に朝8時になったら災害対策本部となった観月台文化センターに向かうことを告げた。私たちが動き出すころには、避難してきた人たちも起きだし、それぞれの家に帰り始めた。家の後片付けに戻るのだ。私たちも地元町内会長や地元消防団の方たちに挨拶をすると、観月台文化センターに向かうこととした。

　途中の車の中では、ラジオが伝える被害者の数が遥かに増えていることに驚愕し、原発が危機的状況に陥っていることも初めて知ったのである。

　この日、国見町内では、東日本大震災による直接の死者はなかったものの、1人の方が仕事で津波に巻き込まれて死亡したほか、重軽傷者が20名となった。

2　庁舎被災～使えるものは何でも使え！コンサートホールに仮庁舎を構築せよ～

避難所を離れて災害対策本部になっていた観月台文化センターのロビーに着くと、そこには長テーブルが並べられていた。このロビーはコンサートなどの時、入場待ちの行列をさばくスペースでもあった。本部の机の周りにはパネルが立てられ管内図や都市計画図のほかにケガ人や被害状況のメモなどが貼られていた。

私は上司を探して、職員の体調に異常がないことを報告すると無線機と懐中電灯を返却した。

しばらくすると各所から職員が集まり始め、最初に町長が職員を前に町が置かれた状況を説明し、職員を鼓舞する訓示があった。

この日からは、いったん通常業務を休止し、災害対策業務に没頭することとなった。午前中は、まず手分けして町全体の被害調査を始めることとなった。

被害調査の前には、食パンと水が配給された。よく見ると食

写真 4-6　ロビーは災害対策本部となっていた

パンはピンク色をしており、においを嗅いでみるとイチゴが練りこんであって、齧るとほんのり甘い香りがした。また希望者にはオニギリも支給された。アルファ米のおにぎりだったが、温かいものを口にすると体も暖まり元気が湧く。**戦記物で何度も読んだ「補給」の重要性を再認識した**[11]。

腹を満たしたところで、地区別に分かれて被害調査をはじめた。私の担当は町内の住宅密集地で、子どものころから慣れ親しんだ場所であり、路地の奥までよく知っている

11　温食の給食は、避難所が閉鎖されるまで地元婦人会の方々によって調理場が運営され、定時に給食された。

写真 4-7　全壊した町営住宅

写真 4-8　液状化で地中から飛び出したマンホール

写真 4-9　液状化で沈下しつつある庁舎

写真 4-10　ガラスの割れた役場通用口

場所だった。宮城県沖地震の記憶を思い返すと、当時はブロック塀の倒壊による被害が多かったが、今回は、ブロック塀よりも家そのものの被害が印象的であった。

午前中、被害状況を確認した後、午後からは広報担当の職員は記録写真を撮るために別行動となった。

■緊急事態～仮設の役場を作れ～

午後からは、役場機能を本格的に観月台文化センターに移動するための作業が始まった。５００人収容の可動席を有するコンサートホールは、可動席を収納し、長机1竿を２人で共有することでワンフロアの事務スペースするのだ。後に手狭となったため、住民・税務・保健福祉部門はロビーに移り、１００人程度が収容できる会議室は仮設の議会議場とし、議会閉会中は、役場専用の会議室とされた。これ以外の中小の会議室も役場機能を優先して確保することとなった。

ホールに併設されていた楽屋は、間仕切りを開けて、議会の委員会等を開催する会議室に変わった。さらにホール周りの通路には、書庫棚を設置し、大破した役場から搬出した資料を収納することとした。また、廃止していた入浴施設も全て会議室に改修することとなった。

まずは役場庁舎から会議用テーブルを運びだし、文化センターの音楽ホールに事務フロアを構築しなければならない。しかしどのように机を配置するものか決まらない。すると上司は模造紙のような大きな紙に机の配置案を書き始め、たちまち全職員をホールに配置できるように見事な図面を作り上げた。パソコンが使えないとき、アナログな技術は貴重である。長テーブルを2人で1本を分け合うささやかな事務スペースであり、狭い机の上に、パソコンを置くと作業スペースはほとんどない。それでもなんとか本拠地を作らなければならない。

■改めて知る役場庁舎の被害

大きなテーブルなどの搬出のため、各職場から若手の男子職員が集められ、役場庁舎に入ることとなった。そこで改めて庁舎の被害を目の当たりにした。

役場庁舎の天井は釣り天井で、化粧パネルで塞いであるが、1階と2階では、ほとんどのパネルが落下していた。天井には空調の端末もあるのだが、所々落ちそうになっている。また1階の床も液状化の影響からか、所々凹んで、昔映画で見た少林寺の訓練道場のよう

真 4-11　地震の揺れでカバーの外れたサーバ

になっていた。作業中も余震が来るので、頭上を気にしながらの作業である。しかも役場庁舎の中は埃臭く、マスクがないと気持ちが悪くなる。

気持ち悪くなると言えば、役場の敷地に中に入った途端、ゆっくりとした揺れをずっと感じていた。遠くの余震と勘違いしていたが、建物が液状化した地盤ごと揺れていたのだ。そのような環境ではあまり長くは活動していたくない。

そんな時、情報システムの担当者が、サーバ室の様子を確認したいと言う。サーバ室は庁舎の３階にあって、危険で誰も近づかなかった。しかし筆者も責任上、状況を見ないわけにはいかない。そこで２人で役場の最上階のサーバ室に向かった。

サーバ室を開けた途端、中の惨状が目に入った。サーバラックは全てアンカーボルトで留めていたはずだが、見事にボルトが折れて斜めになっているラックもあった。中を確認しようとしても扉が開かないラックもある。扉が開かないラックは、壊れたラックの扉を外して梃子の原理で無理やりこじ開けた。サーバが外れかかっているが、見た目だけでは、果たしてどのサーバが生きていて、どのサーバが死んでいるのか皆目わからない。隣にいた情報システムの担当者の顔が曇っていくのがわかった。

そこで「まずは当面の任務を優先しよう。情報資産は必ず取りに戻ろう。」と言い、サーバ室から離れた。

写真 4-12　サーバ室と同じフロアにあって天井が崩落した議場

■原発事故と水素爆発のことを知る

役場からの搬出作業は遅々として進まなかった。救援のトラックやトレーラーが役場に着くたびに荷下ろしをしなければならない。最初に来たトラックは毛布を積んでいた。次にペットボトルの水なども続々と到着した。元気なうちは、軽いものなら余裕だが、疲れてくると、水やお茶などのトラックが来ると、嬉しさよりも荷物の重さに躊躇してしまう。疲労で作業のペースが落ちていくのだ。しかもまだ日が短いので、停電中の役場では15時までの作業が限界であった。

クタクタになって災害対策本部に戻ると再び課長から指示があった。

「以降、役場庁舎は立ち入り禁止になる。だから災害対策本部のある観月台文化センターに役場機能を回復しなければならない。まずは窓口での証明書発行事務を行える段取りを考えてほしい」

そこで筆者は役場で見たサーバ室の惨状を報告した。

夕方には、副町長より各避難所に仮設トイレを設置するように命じられたため、係の一人と各集会所に仮設トイレの設置を行っていた。その現場のラジオで、福島第一原発の一号機が水素爆発したことを知ることになった。筆者には水素爆発の意味が分からず[12]、すべての施設に仮設トイレの設置を終えるころには夜の21時を過ぎていた。

災害対策本部に戻り仮設トイレ設置完了の報告を行うと、翌日の朝6時まで自由行動となり、家に戻ることを許されたのである。

自宅に帰ってくると、やっと家族に会うことができた。私がいない間に家の片づけは

12　そもそも放射能と放射線の違いすら周知されず、職員は屋外で休憩していた。

ほとんど終わっていた。子どもたちは、学校が当面休校となり、修了式も中止となったため、突然の春休みに喜んでいた。私は自宅に帰りつくなり、たちまち眠ってしまった。

■役場機能構築に向けて〜運び出せるものは運び出せ〜

翌日からは作業着に着替えて災害対策本部に向かった。

昨日までの革靴・背広ではなく、作業着とスニーカースタイルで動きやすい格好である。デイバックには財布と手ぬぐい、ポケットティシュを入れ、支給されたペットボトルも２本入れていた。

この日も前日に引き続き、役場庁舎から物品の搬出を行った。そしてパソコン端末の運び出しを行うために若手職員10人がこの日１日、手伝いに来てくれた。

震災３日目から、役場の個人用端末はすべて企画情報課で管理することとなった。通電すれば、個人用端末のデータで当面の事務は執行できる。しかし運び出された端末の中には、破損していたり、水をかぶっていたりする端末もあった。端末にはすべて番号が付記されていたので、どの端末が誰の物かはスグにわかる。そこで役場から運び出した端末は観月台文化センターの地階にある**パソコン教室**[13]に運び込んだ。

庁舎から移動が必要なものは、端末だけではない。プリンタも必要だ。しかし固定していなかったプリンタは、プリンタ台から落下していたり、相当数の被害が見込まれた。私たちは外傷が激しいプリンタは諦めることとして、傷みの少ないプリンタを見つけては庁舎から車庫へ運び出しを行った。

続いてサーバ室からサーバ類の運び出しも始めた。停電が続いているので、サーバの

13　後にパソコン教室は撤去され、原発災害対策室が置かれた。

生死、データの生死は未だに神のみぞ知る状態である。

一方、ラジオで聞く原発事故の事も気がかりであった。前日には原発からの避難指示が半径20キロにまで拡大されていた。このまま状況が変わらなければ、避難指示のさらなる拡大の恐れがあった。苦労して端末の運び出しをしても、いずれ我が町にも避難指示が出される時が来るのだろうか。そんなことをふと考えてしまう。不安やマイナス思考は作業に没頭することで忘れることにした。サーバの中には、取り外しに難儀するものもあり、移動して稼働させるためには保守業者の支援がどうしても必要となっていた。

またコンサートホールの舞台上には、音響・照明設備から電源を供給するため、各種のサーバを仮設することとなった。問題は、観月台文化センターに情報機器を移動した後、庁舎として機能するために必要な電源工事を行う業者の確保である。いつもなら業者に電話すればカタがつく話であるものの、業者も被災していて連絡がつかない。そもそも肝心の電話すら、いつ復旧するかわからない。このため「何が」、「いつごろ」できるのか、その目処すら立たず、現状が良くなるのか、悪くなるのか、そんな情報もさっぱりない。

機能回復の命令を受けたものの、さっぱり見通しが立たないというのが、庁舎を失った直後の現実である。町の防災計画では、「役場庁舎が使用できなくなった場合は、本部長が別途指示する場所に移転するものとする」との2行があるのみである。そもそも庁舎機能のバックアップは真剣に想定していなかったのだ。筆者自身、前述した庁舎の停電訓練で「十分に防災対応ができている」と思いこんでいた。

日が沈むころになると、ホール裏口にある灰皿を挟んで、私と情報システムの担当者は課題の確認を繰り返していた。結局、情報機器の搬出はこの日一日では終わらず翌日も作業が続いた。

■救いの手が訪れる

震災から2日経っても停電は続いていた。なんとかパソコン端末を運び出すことはできても、サーバ室のサーバを再構成するためには専門家の協力が必要であった。

そんな中、**庁舎の情報ネットワークの保守業者**[14]が被災した庁舎を訪問してくれた。町の情報システムの担当者と連絡がついたのである。とはいえ地元業者である彼らも被災者には変わりはない。

「こんな時に来てくれて大丈夫ですか」と心配すると、彼らは笑ってサーバの搬出に手を貸してくれた。もちろんこのような作業は保守契約には入っていない。私は感謝するとともに改めて常日頃からの協力業者との関係の大切さを痛感した。

しかし端末やサーバを運び出しても、そのまま業務ができるわけではない。ネットワークの構築のためには**LANケーブル**[15]や電源確保のための資材がなく、すでに物流は停止しており納入業者と連絡も取れない。

そこで端末を運び出す一方で、庁舎内からLANケーブルをはぎ取ることとした。通常LANケーブルは壁や机の下の見えない位置にある。筆者たちは夢中で書類でガチャガチャになった机を動かし、モールを探した。机の下にLANケーブルが見えると机の隙間に手や頭を突っ込んでケーブルを引き出す。

LANケーブルは「ある程度の長さ」が必要なので極力切らずに持ち出すことが肝要

14　インフォメーションネットワーク福島は地元のIT企業で、町のホームページなどの保守管理も行っていた。

15　コンピュータのネットワークを作るために使用する配線用の電線の束のこと。

である。手元にはLANケーブルを切断する道具もないので、事務用ハサミで切りとるしかなかった。握力があるうちは力技で切っていたものの、所詮は事務用ハサミなのでスグに曲がって壊れてしまう。しかし床には事務用品がぶちまけてあるので代わりのハサミをいくらでも見つけることができた。

そんな作業の中、「なんだか泥棒みたいだね」「宝探しみたいだね」とお互いに埃だらけの顔ではあるが、笑いも出てきた。汗でメガネが曇るのでヘルメットを脱ごうとすると余震が来る。ここは我慢比べだ。

観月台文化センターに運ばれた端末のうち、汚れている端末は、翌日から臨時事務補助員の手によって綺麗に清掃されることとなった。一部の部署では当面必要となる書類の一部も観月台文化センターに運び始めていた。

未だに電気のない役場庁舎では、昼間は荷物の搬出ができるものの、やはり15時頃になると暗くなって作業を続けることはできない。役場庁舎での作業が限界になると、災害対策本部に戻るの繰り返しである。

■手探りで始めるネットワーク構築

3回目の日没もやってくる。また暗闇である。これほど日没を恨めしく眺めたことはない。暗闇の中、懐中電灯でできる作業などタカが知れている。夕飯の支給を受けた夕方18時頃、建物に入ろうとしたとき、どこからか歓声が起こった。何事かと声の方を振り返ると街灯の明かりが点いているではないか。近隣の住宅の明かりも何軒か取り戻されていた。これまで街灯の明かりなど気にもとめない当たり前のものだったが、たった

２日間の停電で明かりの大切さを痛感した。

建物の中に戻ると災害対策本部にも明かりが灯り、いよいよ復旧に向けての作業が本格化することとなった。

電気も届き、作業を集中すればネットワークは構築できそうである。あとは電気工事の業者を見つければ見込みが立つはずだ。ホールでは役場から持ち出したＬＡＮケーブルに新しいモジュラープラグをつなぎ直す作業が進んでいた。

情報システムの担当者に「新しいプラグなどどこにあったの」と聞くと、「ＬＡＮケーブルのプラグが壊れただけで買い換えるのは勿体ないから個人的に袋買いしていた」のだと言う。彼は、プラグのつけ方を臨時事務補助員の女性職員たちにレクチャーして、順調に作業を進め、完成したケーブルの検査まで行っていた。

写真 4-13　LAN ケーブルを再生する職員

一方、コンサートホールの舞台上に設置したサーバはむき出しのまま、動作を示すダイオードの光が輝き、実に不思議な光景であった。サーバ類だけは保守業者の部品で、かろうじて稼働が確認できた。震災で壊れた端末はやむを得ないので、廃棄予定として退役していた端末を現役復帰させて、当面をしのぐこととした。

問題はプリンタの数が足りないことであった。偶然、震災前にプリンタを発注していたものの、納品前に震災に遭ってしまった。すると仮設された災害対策本部の仮設電話に納入業者から電話が入った。

「県庁の災害対策本部でプリンタが不足しているので国見町に納品する分を県に納品してもよいか」というのだ。あわてて係の仲間がワゴン車で業者の倉庫に乗り付けて、プリンタを受領してきた。

■情報資産の生存確認〜失われなかった奇跡の情報たち

観月台文化センターでは仮設電話が繋がったので、あとはインターネット環境の設定を待つのみである。すると総務課の給与担当者から声をかけられた。

「財務システムのサーバはどれですか。大急ぎです。」

なぜ大急ぎなのか聞くと、給与の振り込み手続きを行うため、金融機関にデータを渡さないといけないというのである。

財務サーバを起動させると、幸いなことに財務のサーバも、個人用端末用のバックアップデータも生きていることが確認できた。震災前、国見町では正午と16時に全職員のデスクトップとマイドキュメントのデータをバックアップすることとしていた。震災は14時46分だったので、当日の正午のデータまでは残っていたのだ。個人用端末を失っても、データが残っているのは、業務回復のための何よりの朗報だ。

コンサートホールは机が搬入されると少しずつ事務フロアのようになってきた。しかし解決しない問題は、電気工事を行う業者が未だに見つからないことである。工事業者が見つかっても、資材がないのだ。そんなとき、サーバ回収の手伝いをしてくれた件の保守業者が福島市内の電気工事業者を見つけてくれた。最近まで福島市役所の新築工事に参加していた関係で、工事用の資材を持っているという。この時の私たちにとっては、全く奇跡的なことであった。

電気とネットワーク工事が終わり、震災後５日目にして庁舎機能の回復に向けた見通しが立ってきた。

仮庁舎となったコンサートホールは、長机と折り畳み椅子が運ばれ、徐々に事務スペースらしくなってきた。長机だけでは書類を整理できないので役場庁舎から書類を格納する棚なども持ってくることにした。当面の書類などは、ホールのバックヤードに各課ごとにまとめて置くこととなった[16]。

係では、やっと電気が通じ、パソコンも使えるようになったので、まずは役場庁舎に集まっている情報のうち、町民の方々に伝えるべき内容をとりまとめて「災害情報」という臨時ニュースを作ることとし、３月16日に初めて発行にこぎつけた。

移転先となった観月台文化センターは中央公民館も兼ねていたので印刷の設備があり、紙も在庫されていた。さっそく役場の被害状況についてもお知らせすることとした。町民の方の中には、役場庁舎の被害を初めて知る人もいた。

この災害情報を出すにあたって、「役場機能の回復がいつ行われるか」を何度も上司に確認された。しかし、いまだ即答はできかねた。サーバの通信確認、住基ネットの移転報告と接続確認などが残っている。パソコンとプリンタだけでは、住民票すら発行することはできない。住基ネット、**LGWAN回線**[17]、その他の各種専用線を引き直さなければ、役場の窓口は開けない。しかも、被災者への対応と同時並行で、**り災証明の発**

16　企画情報課が指定された場所は、バックヤードのスロープの途中だったため、荷物が滑ってしまい、しばらくの間、管理に手間取った。

17　LGWANとは、自治体のコンピュータネットワークを相互接続した広域ネットワーク。正式名称は「総合行政ネットワーク」。都道府県、市区町村の庁内ネットワークが接続されており、中央府省の相互接続ネットワークである霞ケ関WANにも接続されている。

行[18]、応急危険度判定の申し込み、仮設住宅の申し込みなど、膨大な事務が待っていた。

その間も、筆者は応急危険度判定の現場と仮庁舎の現場を往復していた。

震災6日目には、水道も復旧しつつあって、コープマートの近くにあるラーメン屋が再開した情報を聞きつけ、係の仲間と行ってみた。震災以来、昼はおにぎりやカップラーメンばかり食べていたので、半信半疑でラーメン屋に行くと、いつの間にか店は再開していた。このように、震災と原発事故の混乱の中でも、ゴミの収集やデマンドタクシー（乗り合いタクシー）も平常通りであり、町にあった公立総合病院も通常通りの診察を始めていたのは心強かった。

一方、役場機能を移転することになった観月台文化センターのホールでは、100台近いパソコンを接続するためのネットワークの構築や庁内の各種システムを復活する作業も進んでいた。もともとメールサーバは外部に**ホスティング**[19]していたので回線が回復するとともに、メール環境が復活した。また財務システムなど、庁内だけで完結するシステムも、サーバの動作確認が終了すると次々と復活していった。

■燃料不足と技術者の不足

「ここまできたか」と私は少し安堵した。しかし情報システムの担当者は、まだうかない顔をしている。

「システムの本格復旧はこれからです。まずは、総合行政システムを稼働させ

18　罹災証明の発行件数では、住家の全壊174件、大規模半壊53件、半壊528件、一部損壊562件、物置等では全壊310件、大規模半壊31件、半壊145件、一部損壊161件にのぼった。さらに公共施設では、役場庁舎のほか、公営住宅では、全壊4棟、半壊等が42ヶ所の被害が発生した。土木施設では、道路通行止め箇所34ヶ所、橋梁通行止め箇所3ヶ所、水道管漏水21件、下水道管路被害の総延長は4641メートルに及ぶとともに、溜池も3ヶ所が破損した。

19　組織や建物内にサーバーを設置せず、ネット上にサーバーを公開している業者に委託、あるいは借り受けてサービスを受けること。

ないと住民票一枚出せません。問題はシステムエンジニアの確保です。総合行政システムを立ち上げるための作業は、システムエンジニアがいなければ進みません。事務所は仙台なのですが、なんとか連れてくる方策を考えてくれませんか」

「システムエンジニアなら、いつもは会社の車で来てたではないか？」と聞くと、

「それがシステムエンジニアは出社しているようですが、仙台はいまだに停電が続いていて、立体駐車場の社用車が取り出せないそうです。取り出せたとしても交通が確保できません。」

まだ高速道路もＪＲも不通になったままであり、高速道路は救援物資や警察、自衛隊の専用道路となっていた。燃料の不足は徐々に深刻となっていた。消防などの緊急車両は燃料が優先補給を受けていたものの、通勤する職員にとって、燃料の確保は深刻な問題であった。スタンドによっては、職員に優先的に給油してくれるところもあったが、それは在庫の許す範囲での話である。

町中に突如現れた大渋滞の車の行列は、ガソリンスタンドに並ぶためのも

写真 4-14　給油のため列をなす車（手前は国道４号線）

のである。それでもせいぜい10リットルも給油してもらえない。灯油も手に入らない。スーパーの前にも行列で、まるで旧ソ連の配給の列のようだ。物流の停止は、生活物資の入手が困難な状況を引き起こしていた。納豆ひとつ、牛乳一本を買うためにも大変な騒ぎである。地元のコープマートは、店舗の壁が大きく損壊したものの、入手できたものを店頭で毎日数時間だけ販売していた。ほかにも町内にある飲料メーカーの物流拠点では、倉庫の商品を開放して、通りかかる人たちに飲料を配布していた。行政だけでなく、企業もそれぞれの力で震災に立ち向かっていた。

■驚きの再会と復旧の加速化

そんな最中に総合行政システムの営業マンが顔を出した。私たちは大いに驚いた。どうやって国見町たどり着いたのか聞くと、営業マンは震災の時に東京に出張していて、親戚から車を借りて仙台に戻る途中に心配で立ち寄ったというのだ。

私たちは今の状況を説明すると、なんとかして仙台からシステムエンジニアを連れてきてくれるように頼んだ[20]。

そこで筆者は、ネットワーク構築の現在の状況と、今後発生する課題を上司に相談した。

「結論としては、緊急車両を仙台に回すなりして、システムエンジニアを確保しませんと、これ以上の作業は進みません。」

上司はただちに、役場の緊急車両で送迎することを決断し、技術者の手配にめどがついた。彼らの活躍により総合行政システムの稼働が進むこととなった。

20　このあと彼は、国見から仙台に向かうだが、その途中、津波被害を受けた国道の両脇では散乱する瓦礫に混じり、人間の遺体の数々を目の当たりにし、とてもこの世のものとは思えない地獄図だったと後で語っていた。また後日、仙台空港に停めていた彼の愛車が津波に流され、ちぎれた前半分だけが見つかったと聞いた。

写真 4-15　仮庁舎として活動を再開（3 月 25 日ごろ）

役場庁舎のイントラネット回線を観月台文化センターに移設が完了すると、いよいよネットワークの稼働が見えてきた。職場のアドレスでメールが見られるようになると、大量のメールが自分にも送られてきているのがわかった。安否を確認する遠方の友人や、業務連絡など様々である。

かくして地震後２週間で役場機能が、役場庁舎から観月台文化センターに移転することができたのである。３月25日の金曜日、２週間ぶりに町民に住民票を交付するときは本当に感無量であった。

3　復興計画と庁舎復旧～復興の司令塔をつくれ！～

仮庁舎が落ち着きを取り戻した頃、新年度がスタートしていた。新しい総合計画が動き出すタイミングであったが、震災で町の様子は一変し、復旧復興業務や除染対策などの新しい課題があふれていた。

そのような中、上司と共に町長から復興計画策定について特命が下りた。総合計画だけでは達成できない課題を抽出し、総合計画を補完する計画として復興計画の策定が急がれていた。このためにも、町民の現状について、アンケート調査を実施することとした。混乱の中ではあるが、２０１１年６月22日から７月８日にかけて、無作為抽出で２０００名の町民に意識調査を行い１２１７通（60・９％）の回答が寄せられた。

結果では、災害の備えができていた町民は20・５％にとどまっており、原発事故に伴う放射能災害への不安を訴える声も数多く寄せられた。福島県の復興は、震災からの被害回復だけではなく、放射能による健康被害対策など未経験の対策が迫られていた。

そこで復興計画は、当面の被災者の生活支援、放射能被害に向き合うための支援、暮らしの再建支援、防災体制の整備、経済と雇用の回復の５つの柱を重点に、国見町の復興に当たって優先的に実施すべき事業を重点プロジェクトと位置付け、国等の支援や制度等（復興特区など）を積極的に受けながら解決を図ることとした。

■町民の「いま」を探ること

被災した町民の中には、体調の不調や様々なストレスを抱えて心身の健康が阻害されている場合もあり、特に高齢者や障がい者、避難生活者に閉じこもりや認知症の悪化などが懸念された。また幼児、児童生徒は、地震によるストレス障害だけでなく、放射能の影響を低減するための対策等による環境の変化などが懸念されていた[21]。

特に放射能災害では、町内にある流域下水道の処理施設である県北浄化センターにおいて、汚泥に含まれる放射性物質が高濃度となっているため、下水汚泥の処分ができず、悪臭が周辺を覆い、周辺住民の健康被害が発生していた。

さらに基幹産業である農業にとって、水稲、果樹、野菜等の町内で生産される農作物の安全性を把握する必要があった。

そこで具体的に、役場庁舎の復旧、放射線量低減対策の推進、被災者の再建支援、災害廃棄物の処理、町の核となる道の駅整備の推進、特別養護老人ホームの立地推進など56の重点事業を取りまとめることとした。

しかし復興計画について、知識がなかったため復興計画策定の先行事例を持つ兵庫県神戸市役所、兵庫県西宮市役所の友人[22]から、それぞれの復興計画書や関係記録集を支援物資と共に送付してもらい、当面の参考書とすることができた。初動において素早く動けたのは、この方々のおかげである。

この年の12月には、国見町振興計画審議会に諮問し、答申を受け、国見町復興計画（第1次）が策定された。

21　外遊びが制限されているため、2013年9月5日に町内に屋内遊び場「くにみももたん広場」を開設した。2016年8月18日には、のべ入場者が10万人を超えた。

22　彼らの助言により、資料だけでは得られない知見も共有することでき、計画の見通しを立てることができた。

■役場再建に向けた議論

震災被害が落ち着いてくると、町には文化施設が使えなくなったことに対する町民の不満が寄せられ、早急な役場庁舎の再建に向けた議論が開始された。国見町の役場庁舎の再建にあたって問題となったのが、被災庁舎を改修して再利用するのか、同じ場所に再建するか、あるいは移転して再建するかという3択である。

前述したとおり、東日本大震災で被災した2代目の役場庁舎は、1978年6月に発生した宮城県沖地震で全壊した初代の木造庁舎の災害復旧事業として1979年12月に建設されたものであった。つまり国見町は、築30年余りで再び庁舎を失ったことになるのだ。このため再び同じ場所に庁舎を再建することに対して、町民の一部からは疑問の声が出されており、震災後の議会からも様々な意見が出されていた。

当時は、小学校の統廃合も予定しており、耐震改修が済んでいる空き校舎もあったが、町の中心部から離れており、いずれも将来の再利用について検討が進められていたため、恒久的な役場庁舎とした場合、町民の利便性に問題があった。

町では2011年5月から被災した庁舎の詳細な被災調査を実施していた。その報告によると、庁舎周辺では震災直後の液状化現象により、建物本体だけでなく地下タンクや水路などの見えない外構設備も大きな被害を受け、機械設備や電気設備は全損状態となっていることが改めて判明した。このため改修費用の見積もりは、新築と同程度が見込まれ、残存の耐用年数を考えると改修して再利用することは困難と見込まれた。

そこで町では、２０１１年12月に町議会議員や町の各種団体の代表など10名で構成する国見町庁舎復旧検討委員会を設置し、庁舎再建に向けた議論を開始した。この検討委員会では当初から財源の裏付けが大きな課題となっていた。特に震災後半年が経過し、復興需要が増大する中で、資材単価の高騰にも拍車がかかっていた。さらに土木建設業者の多くが除染事業にも駆り出されており、福島県内では公共事業の入札の不調が相次いでいた。

また庁舎を移転して建設する場合、場所の選定の議論に長期間かかることも予想された。空いている公有地には応急仮設住宅が建設されており、新規に用地を取得しようにも、その費用についての財源の見込みがなかった。

このため検討委員会では、地盤改良や耐震構造に工夫することで同じ場所に再建することを同月中に町長に建議し、これをもとに実施設計が開始されることとなった。

4　新庁舎と復興の今後にむけて

２０１３年9月に着工した国見町の新庁舎は２０１５年5月に開庁することができた。震災により庁舎を失った自治体の中では最も早い復旧であった。新庁舎の落成式と同日には、延期されていた町の合併60周年記念式典が挙行され、震災から一区切りがついたような思いがしたが、町長からは「新庁舎に浮かれてはいけない。粛々と新庁舎で業務を開始するのだ」と戒められた。

復興の光が見えつつある中で、新庁舎開庁が町の復興の始まりであることを改めて感じた。

当初議論された庁舎の位置問題は、市町村合併においても激しく議論されるデリケートな課題であって、早急な復旧が求められる中で冷静な合意形成を進めることは難しい。復興の過程では、スピードと立ち止まって考えることの二律背反に悩むことも多い。筆者は、あえてスピードを意識してきたが、住民に寄り添う立場では、その反対を選んだであろう。

また庁舎再建の議論を進めていた当時、役場庁舎の建設には、原則として国による支援がなかった上、現状復旧が原則であり、現状復旧を超えた機能強化には、自主財源の投入しかなかった。このため国見町役場の庁舎再建は、関係機関の特段の配慮による強い支援と後押しの賜物であり、改めて感謝するとともに、今後とも、震災等により庁舎が被災した自治体に対しては、制度の弾力的な運用など関係機関の配慮を求めたい。

また本文では記載をしていないが、国見町の復興復旧にあたっては、発災当初より全国の自治体からの人的、物的、経済的な支援が数多く寄せられた。改めて感謝申し上げるとともに、今後とも国見町が経験した知見を伝えていきたい。

写真 4-16　国見町役場新庁舎

第 5 章

自治体職員と役場のレジリエンス

今井　照（福島大学）

1　「指示待ち」ではなかった市町村

■町村独自の避難指示が住民を助ける

福島第一原発事故に伴う国からの避難指示は前掲の**図表0—1**のとおりだった。それに対して、市町村長が発する自治体単位の全域避難指示は、**図表5—1**のように国からの全域避難指示が出るよりも早く、町村独自の判断で行われている。各章で詳述されているように、国が同心円状に順次広げていった避難指示は、現実には市町村にほとんど伝達されていない。市町村は限られた情報の中で住民の生命と安全を確保するためにいち早く独自に避難指示を出し、バスを手配するなど住民の避難誘導を行っている。

それでは、国よりも早く、かつ広域に出された町村による避難指示は過剰な反応だったのか。むしろ全く逆である。国は原発事故から43日後の2011年4月22日になってようやく避難区域の再編と警戒区域の指定を行った（前掲**図表0—2**）。その後の放射能汚染状況の分析が進んだためだ。そこで初めて、それまでの国の避難指示では一部地域だけに限られていた浪江町や葛尾村も全域が警戒区域に繰り込まれ、立入りが制限されることになった。しかし浪江町も葛尾村も1か月以上も前の事故直後に、全域避難指示を出し住民を避難させていた。結果的に、国の指示待ちをしているよりは、多少なりとも住民の被曝量を減らすことができたのである。

もちろん被災地自治体の対応が何もかも十分だったわけではない。たとえば、第1章で触れられているように、国の所管で作成されたスピーディ（SPEEDI）と呼ばれる放射性物質の拡散予想図は内閣の原子力災害対策本部にはあげられず、福島県庁には送信されたものの「紛失」され、市町村にはその存在すら伝わらなかったため、放射線量の高い地域に向かって避難行動を取ってしまったという悲劇もあった。この責任は市町村というよりは国や県庁に帰すべきものだろう。

一方、これらの地域よりも原発から遠く離れている飯舘村や川俣町の一部は、4月22日になって突然「計画的避難区域」に指定され、避難を余儀なくされることになり、それまでの国の指示や県の指導に従って避難を回避していたことが裏目に出てしまう。当時の条件を考えると町村の当事者だけを責めるというわけにはいかないが、このことによって、住民と行政との間に亀裂や信頼感の喪失を招くことにもなった。

各町村は単に避難指示を出しただけではなかった。単独では避難できない高齢者などに対し、場合によっては戸別に電話をしたり声掛けをして避難を誘導した。町や村としてバスを用意し、ピストン輸送などで避難区域からの

図表 5-1　双葉郡8町村の避難指示・警戒区域指定（全域避難のみ）

	国からの全域避難指示	町村独自の全域避難指示
広野町	出ていない（一部地域のみ）	3月13日11時
楢葉町	出ていない（一部地域のみ）	3月12日8時
富岡町	3月12日18時25分	3月12日6時50分
川内村	出ていない（一部地域のみ）	3月16日7時
大熊町	3月12日18時25分	3月12日6時21分
双葉町	3月12日18時25分	3月12日7時30分
浪江町	4月22日0時	3月15日9時
葛尾村	4月22日0時	3月14日21時15分

〔注〕この他、田村市（旧都路村）、南相馬市（旧小高町）、川俣町（山木屋地区）、飯舘村（全域）に避難指示や警戒区域指定が出された。
〔出所〕各調査報告書、報道、聞き取りなどから筆者作成

写真 5-1　地震直後、最初に富岡町災害対策本部が置かれた富岡町役場小会議室に残っていたホワイトボード（第 1 章参照。2015 年 4 月撮影）

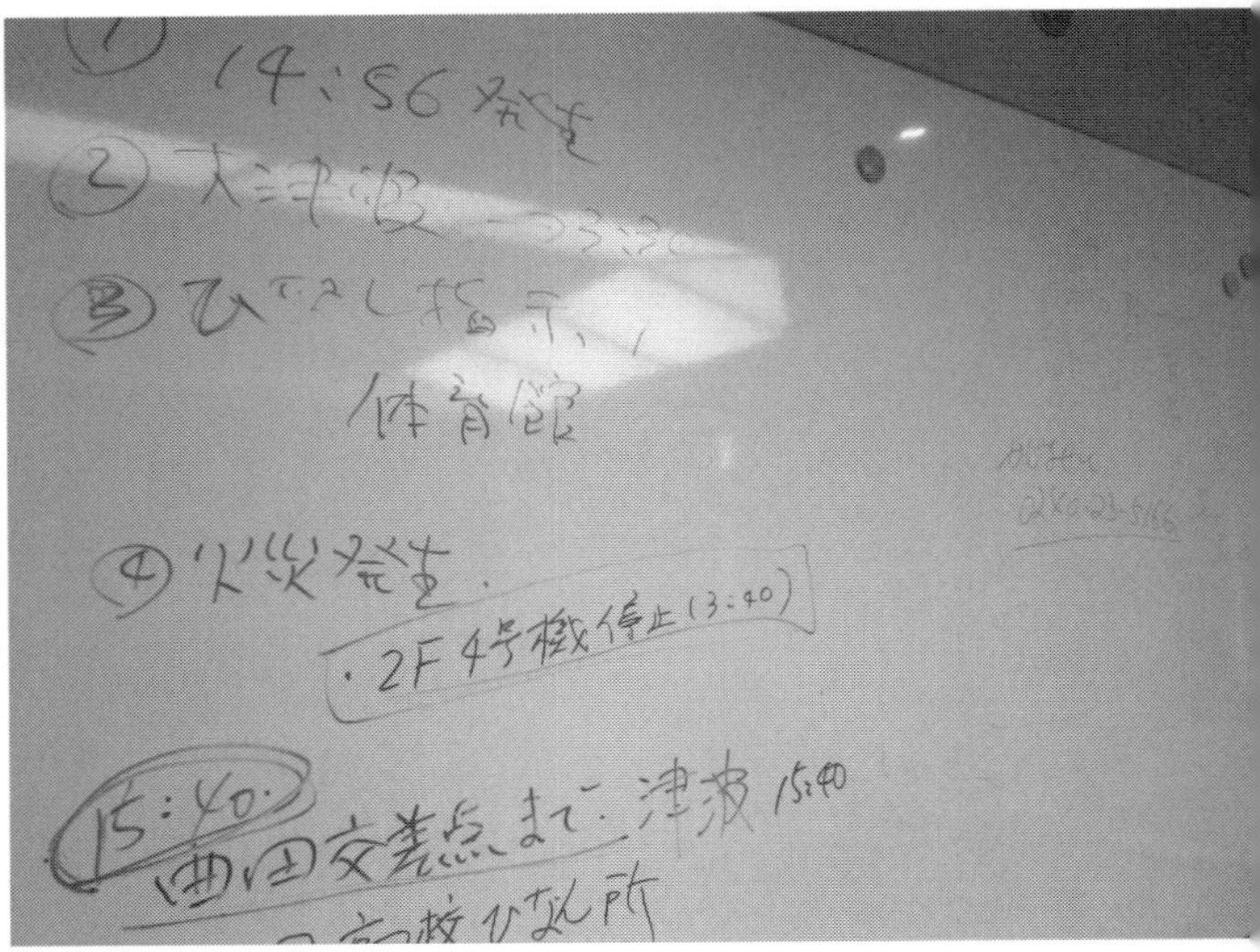

写真 5-2　隣接の生涯学習施設「学びの森」に移した富岡町災害対策本部に残っていたホワイトボード（第 1 章参照。2015 年 4 月撮影）

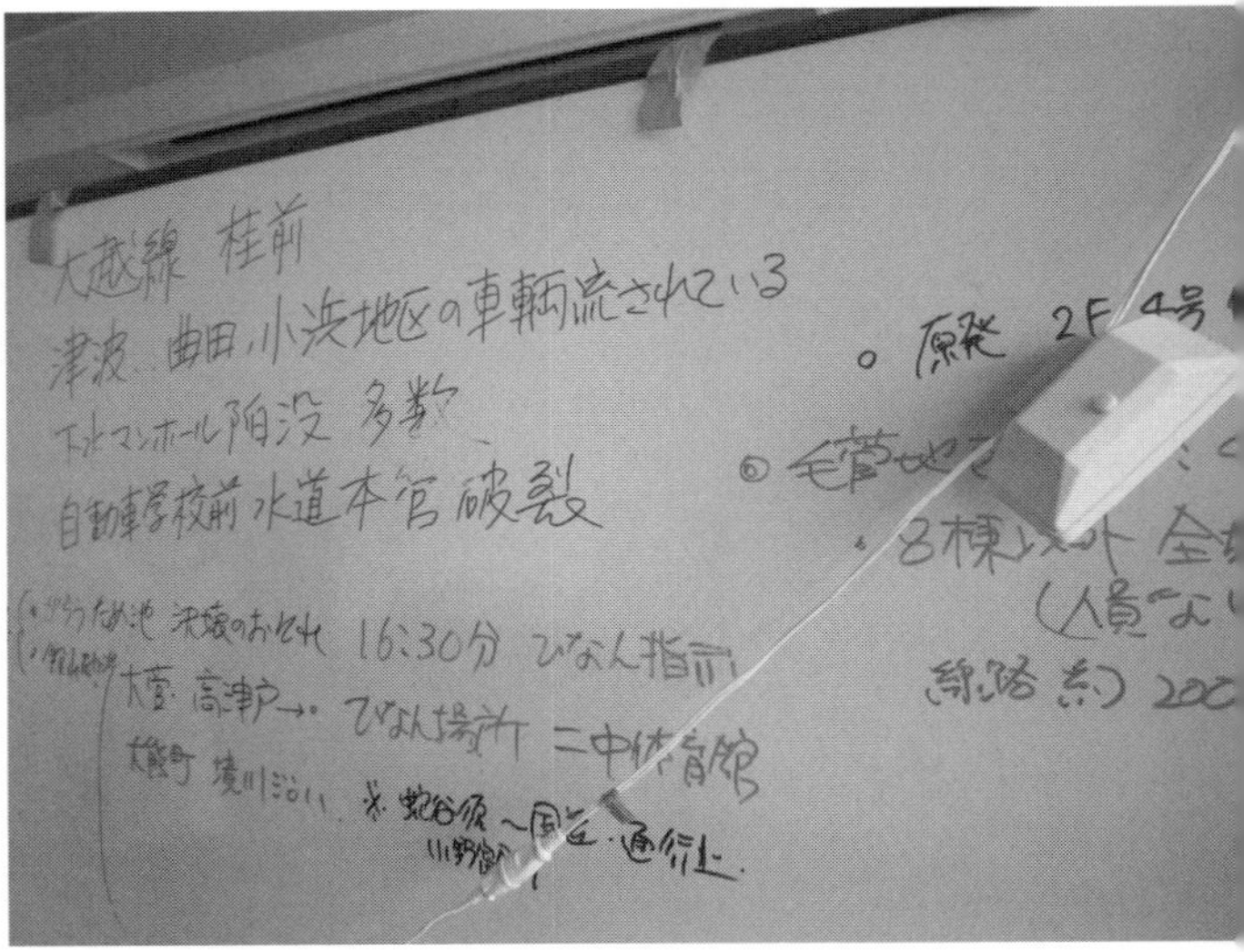

脱出をはかった。楢葉町では７７００人の町民のうち５３６６人が、町の誘導によって、楢葉町が用意したいわき市の学校体育館などに移っている。

もちろん連絡漏れやトラブルなどは多々生じているが、全般的にみれば、予測されていなかったこれだけの緊急時に際し、市町村が住民の生命と安全をぎりぎりのところで守る行動をしたことは高く評価されてよい。これこそが住民の生命と安全を保障するという基礎的自治体の基本的な使命に他ならない。

２　避難者数の変化

■１年３か月後にピーク

東日本大震災に関わる福島県の避難者の推移は**図表５―２**のとおりとなっている。これは福島県内の避難者と福島県から県外に避難している避難者数の推移であり、正確には津波や地震による避難者も含まれているが、大多数は原発災害に伴う避難者と考えてよい。２０１２年６月がピークで約16万３０００人にのぼる。通常の自然災害であれば、発災直後にピークがあり、その後は漸減するものであるが、原発災害は発災から１年３か月後にピークが来ている。これは時間が経つにつれて原発災害の恐ろしさや不安が人々の間に浸透し、避難行動を増加させたためと思われる。

５年半近くが経過した時点で避難者数はピーク時の半分程度になっている。この減少のスピードも阪神・淡路大震災などの自然災害と比較するときわめて緩やかである。長期・広域・大量と言う原発災害避難の特質がここにも表れている。

２０１１年９月から12月にかけて避難者数が極端に増加しているが、これは調査上の避難者の定義が変わったことによる。従来の災害では仮設住宅等に入居した時点で避難者の統計から外されていたが、東日本大震災の規模を考慮すると避難の実態を反映していないという批判があったためである。

また近年、特に県内避難者数が減少しているが、ここには数字上のトリックがある。たとえば、２０１６年時点で全域避難が続いている大熊町、富岡町、浪江町、双葉町の

図表 5-2　福島県の避難者数の推移

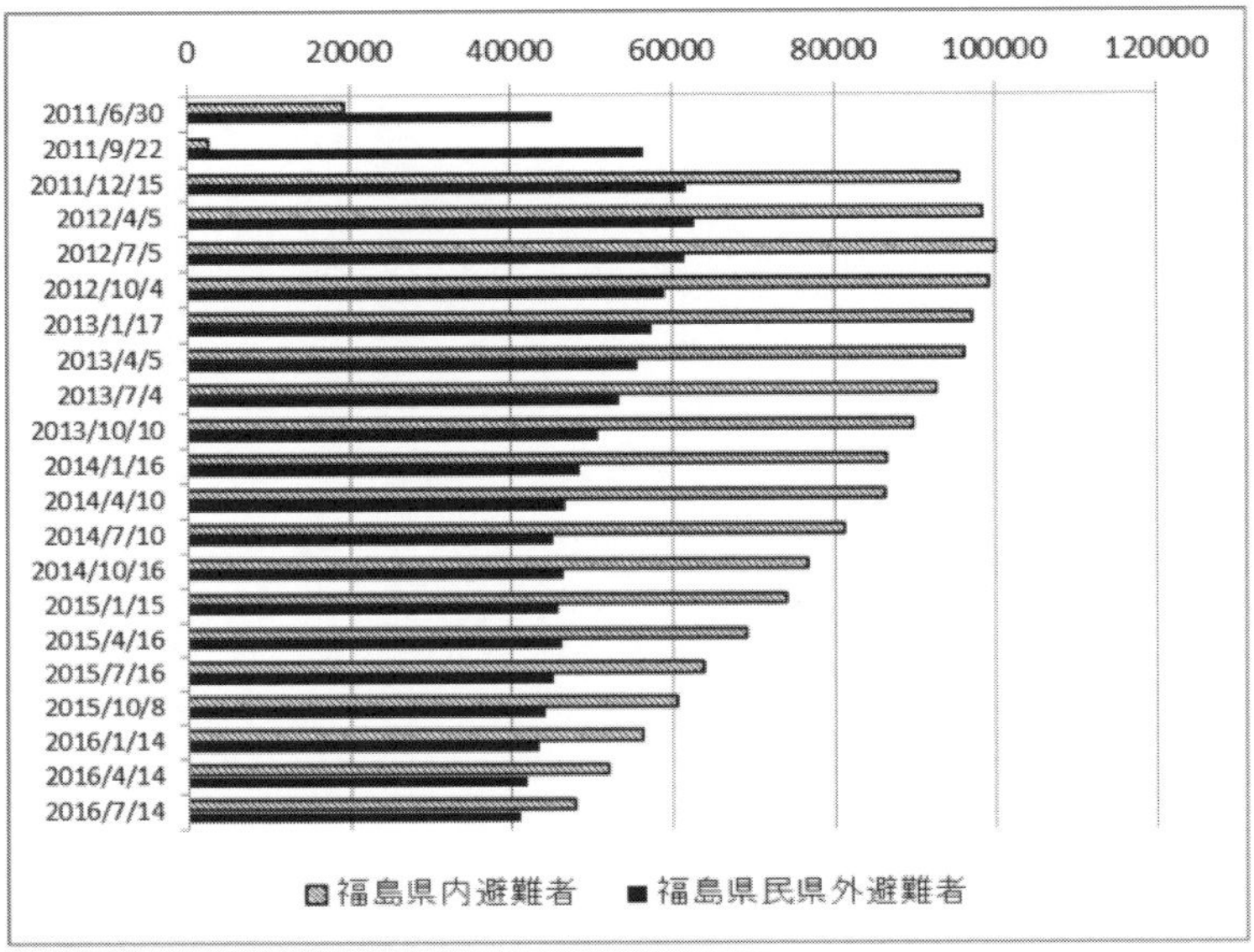

〔出所〕復興庁ホームページから筆者作成

写真 5-3　国見町役場庁舎が地震によって全壊したため近くの文化ホールで執務していることを知らせる貼り紙（第 4 章参照。2011 年 7 月撮影）

４町について、２０１４年２月時点での避難者数は３万４８８５人となっていたのが、２０１６年９月時点では１万７２７２人と半減している。しかし、４町は依然として全域避難を継続中であり、戻っている人はいない。この避難者数の減少は仮設住宅やみなし仮設住宅から退居したということにすぎないのである。退居した人たちの多くは自分でアパートを借りるか、あるいは自宅を別に購入して住んでいる。しかし実態として避難をしていることに変わりはない。大部分の人たちは住民票も元の町に残したままで移していない。つまり、現実問題として、避難指示が解除されても元の地域に戻って生活している人はきわめて限定的であり、生活実態には変化がないのにもかかわらず避難者の推計から除かれているのである。一方、県外避難者数の減少スピードは県内避難者と比べて限りなく緩い。これは県外避難者の方が相対的に原発リスクを高く感じている人たちが多く、子ども連れも多いという要因が想像される。

■避難から避難へ

東日本大震災と原発事故直後の福島県内の避難所に収容された避難者数の推移は**図表５―３**と**５―４**のとおりである。１次避難所とは公共施設や学校体育館などで、手元にあるなかで最も事故直後のものである３月16日17時現在の県庁発表資料によれば、県内に５５７か所の避難所が設置されている。最大の避難者数を抱えていたのは福島市のあづま総合運動公園体育館であり、１４００人収容のところに２４００人が避難している。この時点では第１章で詳述されている郡山市のビッグパレットには避難所がまだ開設されていない。

　また2次避難所とは、当時、震災により休業同然の状態であった福島県内の旅館やホテルを借り上げたもので、4月初旬から順次避難所から避難者が移っている。避難者にとっては避難所の劣悪な居住環境からの大きな改善になり、幾多の命を救うと同時に、休業状態の旅館やホテルに一定の仕事と収入をもたらした。混乱はありながらもこうした手配を実現させた福島県庁や被災地自治体の決断は高く評価されてよいだろう。

　被災地自治体ではこの間に仮設住宅の建設を進めるとともに、みなし仮設と呼ばれる貸家やアパートなどの確保と手続きに力を注ぐことになる。少ないところでも葛尾村の

図表 5-3　福島県内 1 次避難所避難者数（～3月20日）

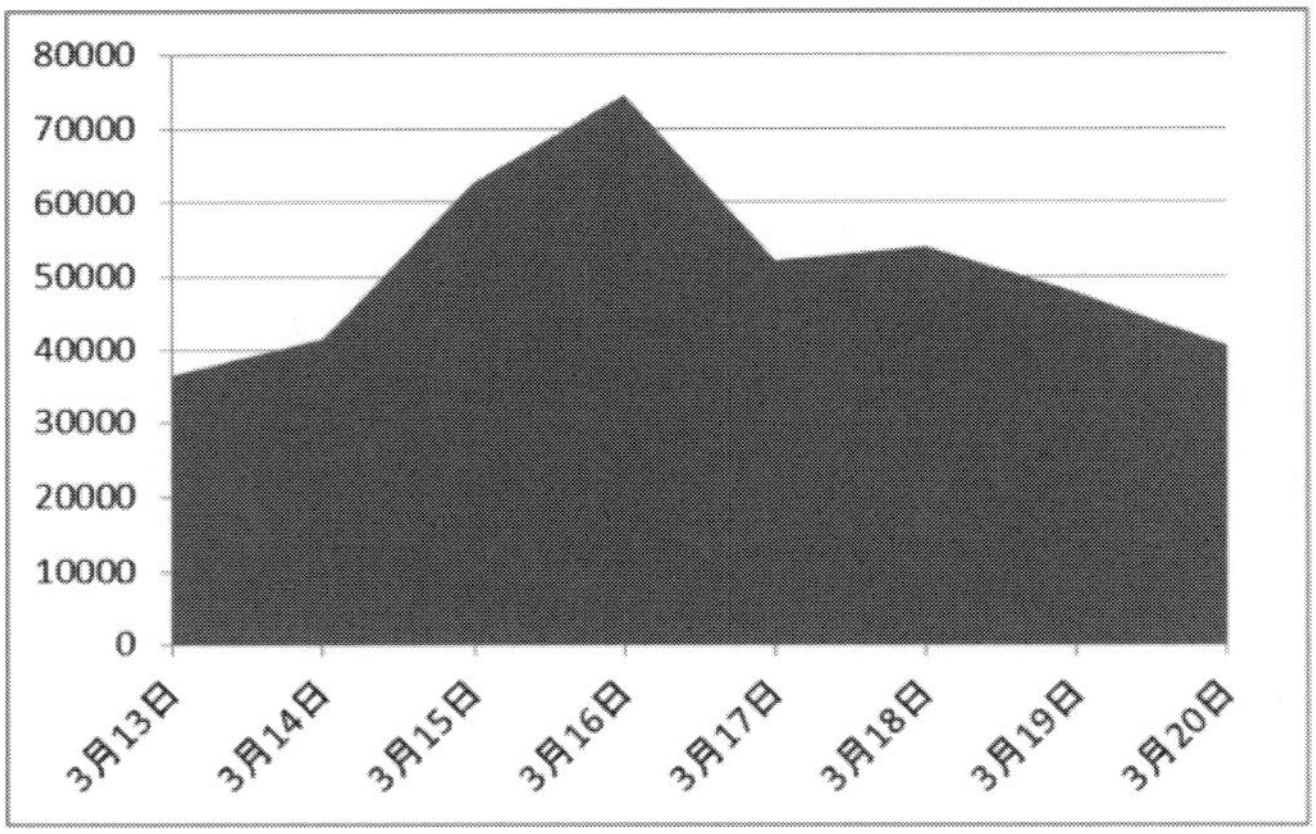

〔出所〕福島県庁資料から筆者作成

図表 5-4　福島県内避難所避難者数（3月21日～）

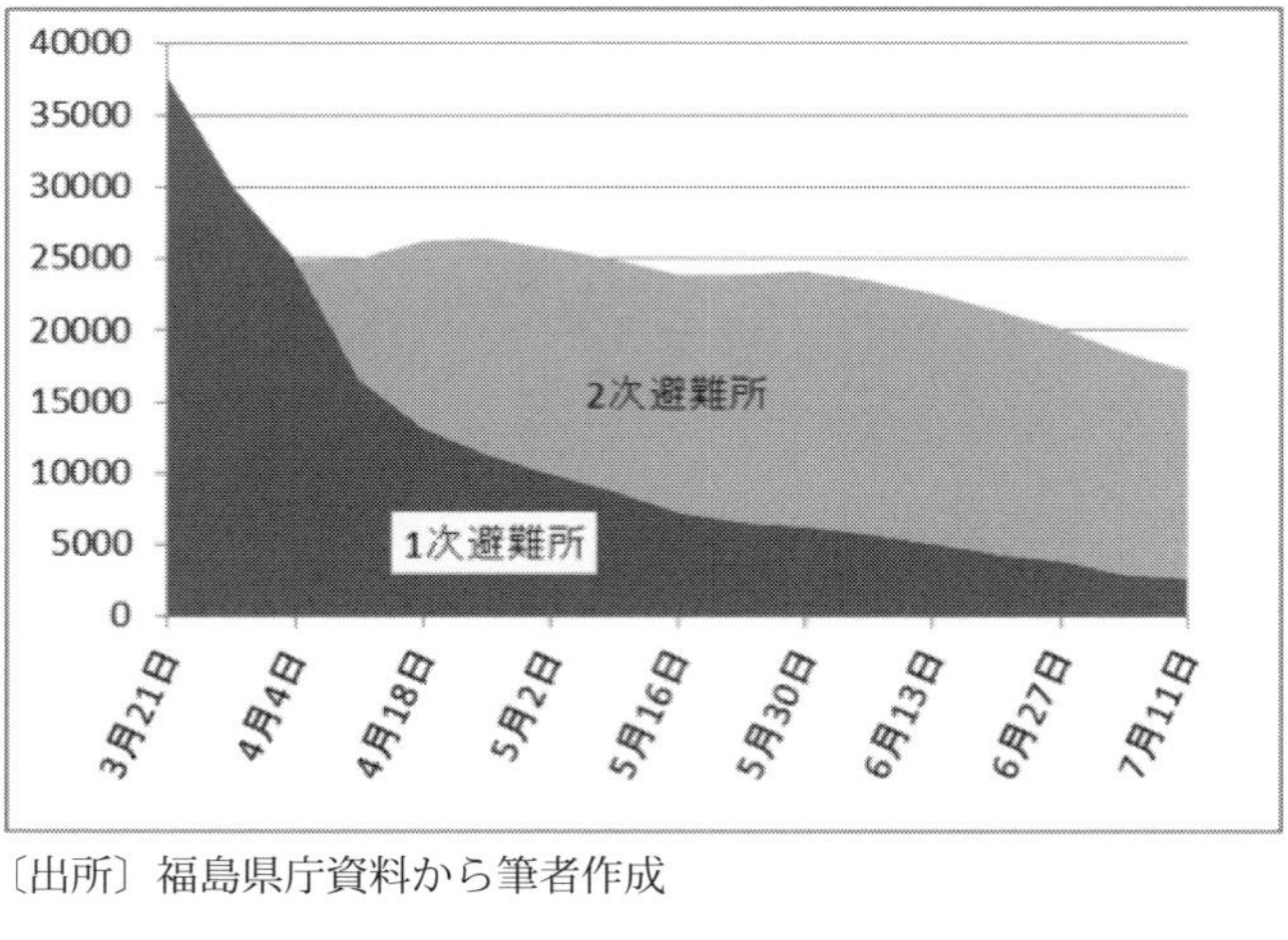

〔出所〕福島県庁資料から筆者作成

１５００人余り、多いところでは浪江町の２万人余りの避難者の避難先確保が必要だった。

原発災害避難の場合、そもそも自分の自治体ではない地域に仮設住宅を大量に建設しなければならず、しかも、仮設住宅建設用地は基本的には公有地でなければならなかった（国からの財政支援に借地料がないためだが、後に民有地にも緩和された）ため、仮設住宅建設は難航をきわめた。

たとえば浪江町では仮設住宅約２０００戸を30か所に建設している。その範囲は、北は桑折町から南は本宮市までの約40キロ、東は相馬市から西は福島市までの約45キロとなっており、このエリアに散り散りに建設しなければ間に合わなかった。おそらく日本の災害史上、このように広域で大量の仮設住宅建設はかつてなかったにちがいない。仮設住宅への入居が本格的に始まるのは7月頃からとなる。

写真 5-4　全国からの支援物資に感謝する貼り紙
（相馬市役所市長室前。2011 年６月撮影）

3　膨張する業務と財政

■平時のゆがみを引きずる国―自治体間関係

緊急期を脱すると役場の組織は災害対策本部体制から平時の組織に戻る。当然のことながら避難所対応、仮設住宅建設、みなし仮設借上げ、国や県庁との折衝等の業務は純粋に新規業務であり、それだけでも多くの職員をとられる。その後、現在まで多くの人材と資源を割かれている業務は賠償や除染である。賠償は基本的には住民と東京電力との関係であり、除染は少なくとも避難指示区域については環境庁の直轄事業になっている。しかし現実には町村役場が間に入らなければ説明会ひとつ進まないので、多大な業務を負担している。しかも問題の複雑さからみて、個別対応も少なくなく、簡単には終わらないものばかりである。

一方、そうした業務に職員を割いたあとの平時の組織も災害対応が重なることで業務量は量的質的に膨張する。たとえば避難者であっても国民健康保険業務が発生し、要介護者には介護保険業務が発生する。避難行動によって介護度が高まることが多くなるので介護認定業務が増え、介護サービスを全国の地域から提供してもらうための手続きも煩雑化する。賠償や損害保険等の請求のために住民票も大量に請求されるようになる。このあたりのことは第2章で詳述されているとおりである。

日本の自治体は本来、国がやるべき仕事を代行している割合が非常に高い。機関委任事務というしくみは廃止されたものの「地方分権」の名のもとに国から自治体への業務移管が続いてきた。結果的に国が決定して指示をし、自治体が執行するという事務が自治体業務のほとんどを占める。こうした構造が大震災という非常時にも展開され、市町村は2重の苦労を背負い込むことになる。

たとえば２０１１年6月8日、被災者の高速道路使用無料化のプレス発表があった。国と高速道路会社はその必要書類として、市町村が発行する「被災を証明する書類」を掲げた。しかし、そもそも自治体にはそのような証明書類は存在しない。施行は12日後の20日となっている。市町村の窓口に住民が一斉に押しかけ大混乱に陥った。それぞれの自治体では工夫を重ね、短期間のうちにこうした国の気まぐれ政策に対応したが、本来であれば国が決めたことなので国の組織を挙げて対応すべき業務だったはずだ。

２０１４年秋、当時の政権によって突如として「地方創生」という政策が掲げられた。この政策の当否は別として、国はすべての自治体に地方版総合戦略とそのための人口ビジョンの作成を迫った。作成そのものは任意であるが、それをもとに補助金を交付する

写真 5-5　2011 年 3 月 25 日から 9 か月間にわたって会津美
郷庁舎に置かれた楢葉町の仮役場では旧本郷町役場の本会
も執務が行われた（2011 年 7 月撮影）

ため、事実上は義務と化している。これらの業務は当時全域避難をしていて、本来の地域に人が住んでいない自治体さえも例外にはならなかった。将来人口どころか、1か月後、1年後の姿さえ見通せない自治体に対しても人口ビジョンを作成させたのである。

後述するように震災直後には、国からの復興交付金を獲得するために既に復興計画が策定されていた。これに上乗せする形で地方版総合戦略の作成を迫られることになる。こうして自治体はこの非常時にもかかわらず、幾重にも似たような計画の策定をしなければならなかった。しかもこれらは地域社会と市民生活を住民とともに真摯に考える機会とはならず、単に国から予算を獲得するための「計画のための計画」にすぎない。

図表 5-5　震災前後の自治体財政規模比較

	2010年度普通会計歳出決算額（千円）	2014年度普通会計歳出決算額（千円）	内、東日本大震災分（千円）	決算額に占める震災分	2014決算額/2010決算額
いわき市	122,327,140	207,465,141	89,798,134	43.3%	1.70
相馬市	14,921,306	41,802,304	25,790,778	61.7%	2.80
田村市	21,122,559	39,129,312	16,204,645	41.4%	1.85
南相馬市	27,743,750	102,205,204	77,729,668	76.1%	3.68
伊達市	27,620,779	33,453,774	3,843,450	11.5%	1.21
川俣町	7,138,368	19,367,964	13,646,438	70.5%	2.71
広野町	3,531,051	11,402,648	7,716,306	67.7%	3.23
楢葉町	5,256,600	12,820,072	9,247,284	72.1%	2.44
富岡町	7,215,826	11,144,094	4,575,162	41.1%	1.54
川内村	2,842,908	6,432,298	4,041,590	62.8%	2.26
大熊町	7,122,222	59,970,076	53,515,974	89.2%	8.42
双葉町	5,539,278	47,614,282	43,379,314	91.1%	8.60
浪江町	8,832,208	14,540,390	8,607,502	59.2%	1.65
葛尾村	1,888,961	7,026,276	5,890,522	83.8%	3.72
新地町	4,471,281	19,266,217	13,578,268	70.5%	4.31
飯舘村	4,719,390	6,562,714	2,751,384	41.9%	1.39

〔出所〕福島県のホームページにある「市町村決算の概要」から、津波被災市町村と原発避難区域指定地域を含む市町村を抜き出して、筆者が作成。

■最大8・6倍

図表5―5は福島県内の津波被災地の市町村と原発災害避難指示区域を含む市町村について、過半が震災前の執行である2010年度の歳出決算と最新の2014年度歳出決算を比較したものである。2010年度決算を基準と考えると、2014年度の財政規模は最低でも2割から4割増加し、最高では8・60倍にもなっている。もちろん財政規模がそのまま仕事量と比例するわけではないが、どの自治体も飛躍的に業務量が増大しているこ

写真 5-6　2011 年 5 月から 1 年半にわたって二本松市の県施設の研修ホールに置かれた浪江町の仮役場（2011 年 6 月撮影）

図表 5-6　被災自治体の歳出決算額の推移（単位千円）

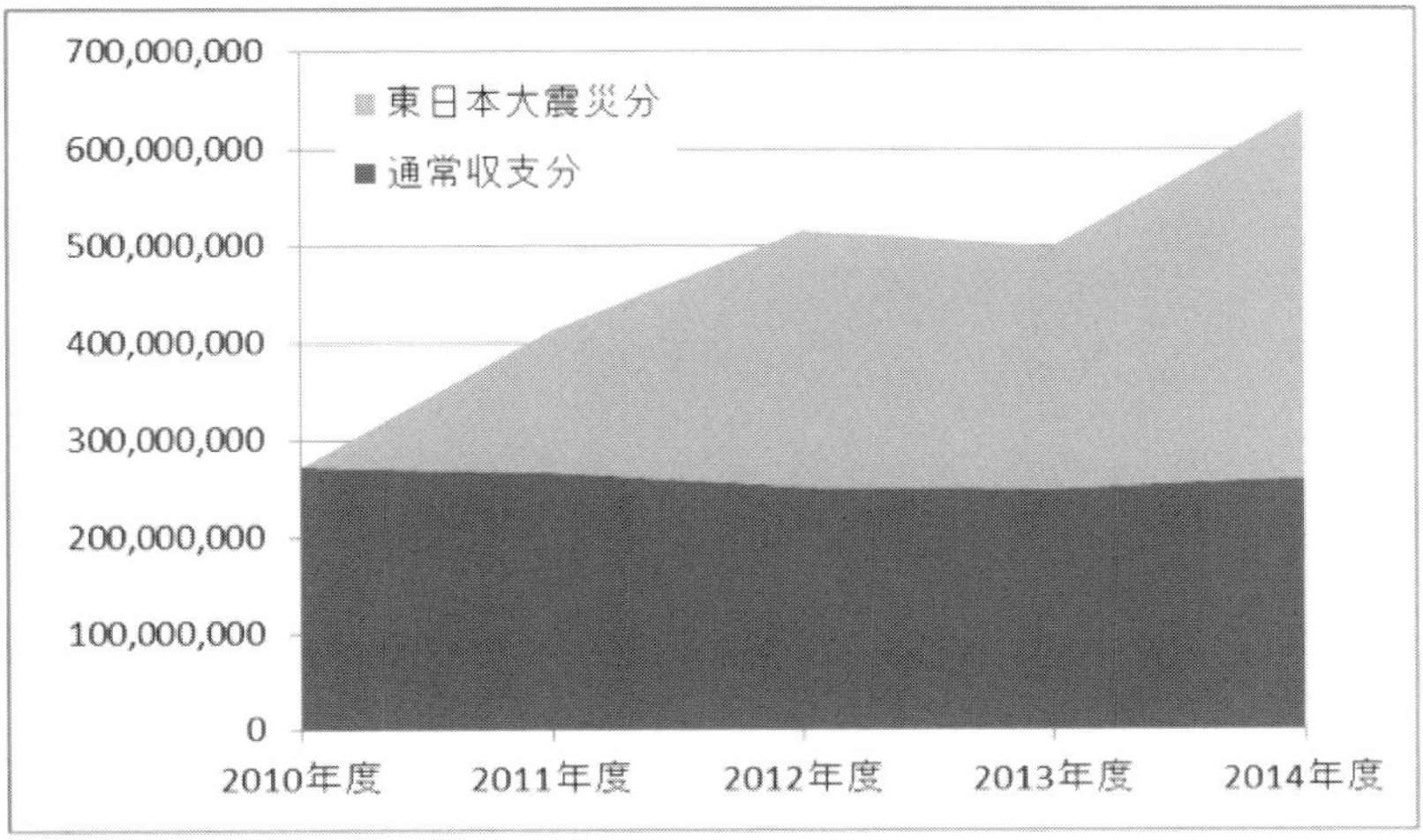

〔出所〕図表 5-5 と同じ

とは疑いない。決算額に占める東日本大震災分もほとんどの市町村で4割を越え、なかには9割を越えているところもある。またこの5年間の推移を見たのが**図表5―6**となる。

このように被災地自治体の財政規模が飛躍的に大きくなるという現象は岩手県や宮城県の市町村でも同様にみられる。しかし福島県の場合には福島第一原発周辺を中心に避難指示が続き立ち入れない地域が広く存在するなど、必ずしも原発災害対応としては「復興」というレベルには到達していない。本来であればこれから10年後、30年後、50年後といったように将来に向けて財源が投入されることになり、ますます業務量が膨張することが予想される。

■職員を蝕む

２０１４年5月17日、福島市で開催された日本トラウマティック・ストレス学会において、福島県立医大の前田正治教授は福島県沿岸部のひとつの町村役場でほぼ全ての職員を面接した結果、職員92人のうち15％にあたる14人が「大うつ病性障害」と診断されたと発表した（『河北新報』２０１４年5月17日）。92人のうち8人は自殺の危険性があるとされている。面接は精神科医と臨床心理士がペアで行い、「驚くべき高い割合で極めて深刻な事態」とコメントされている。この背景には業務量の膨張はもとより、住民からの強い非難にさらされたこと、職員自身やその家族が被災者であることなどの複合的要因が考えられている。

自治体職員の労働組合である自治労福島県本部は被災地自治体職員の健康状態等を継

図表 5-7　受診中の病名

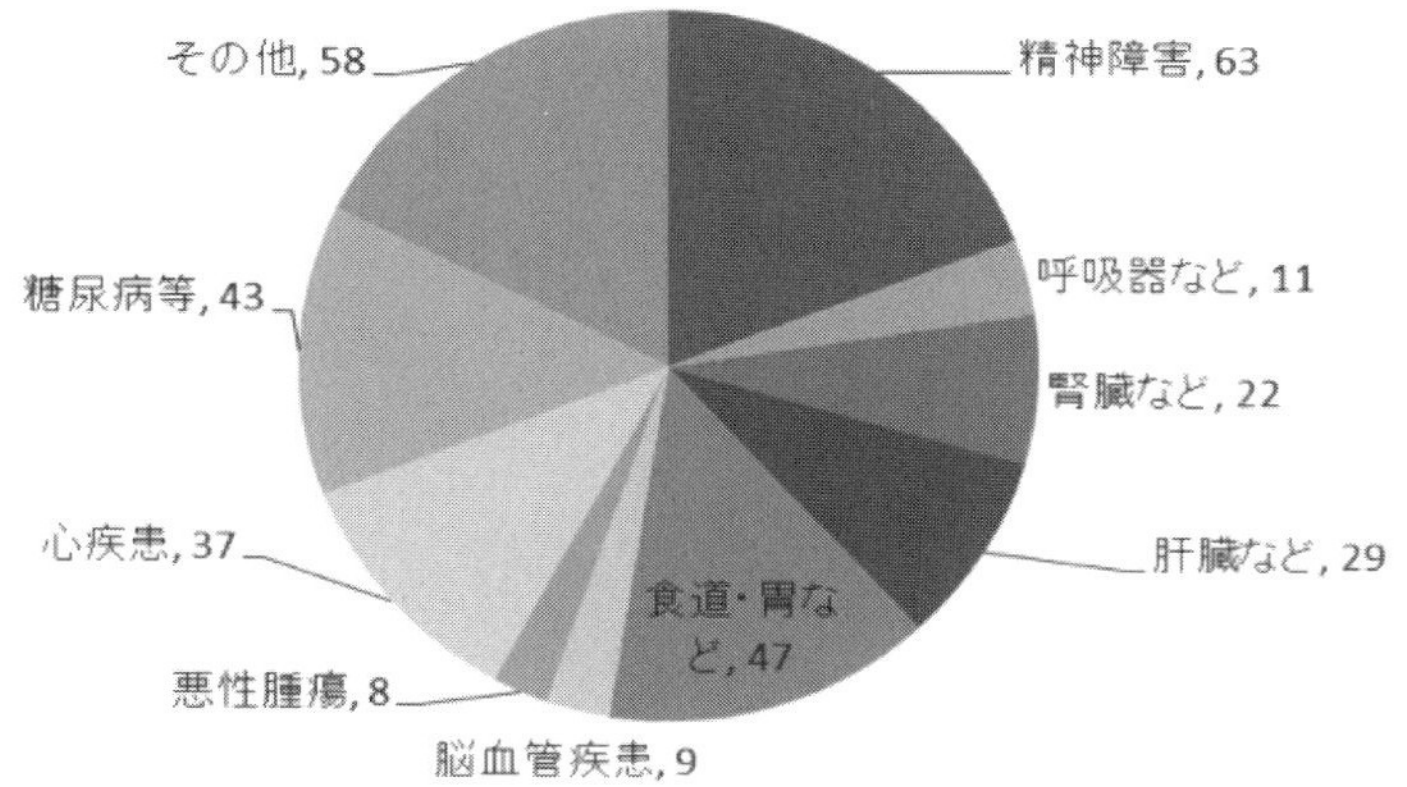

〔出所〕自治労福島県本部調査より筆者作成

続的に調査している。２０１６年７月20日に公表された最新の**調査結果**[1]から現在の福島の自治体職員がどのような状態に置かれているかをみておきたい。

震災と原発事故以降、健康診断等で新たに要注意・要精検と指摘された職員は全体の47％を占める。特に全域避難自治体では61％を示したところもあった。受診している病気の割合は**図表５—７**のとおりである。現在、医療機関を受診、または薬を服用している職員は１８６人（56％）であるが、そのうち１６５人から回答があった（３つまでの複数回答）。生活習慣病が5割近くを占めているが、不眠症、アルコール依存症などの精神疾患が38・2％となっている。このデータが多いのか少ないのかということは平時のデータや他自治体のデータが不足しているために即断はできないが、前述の報道などによれば、おそらく高いと推測される。

1　調査対象は、南相馬市、飯舘村、富岡町、楢葉町、広野町、浪江町、大熊町、双葉町、葛尾村、川内村の組合員１４６１人で回答数は７５２人（回答率51・５％）。調査実施期間は２０１６年３月～５月。調査方法は回答のみ郵送

図表 5-8　年休取得状況の変化

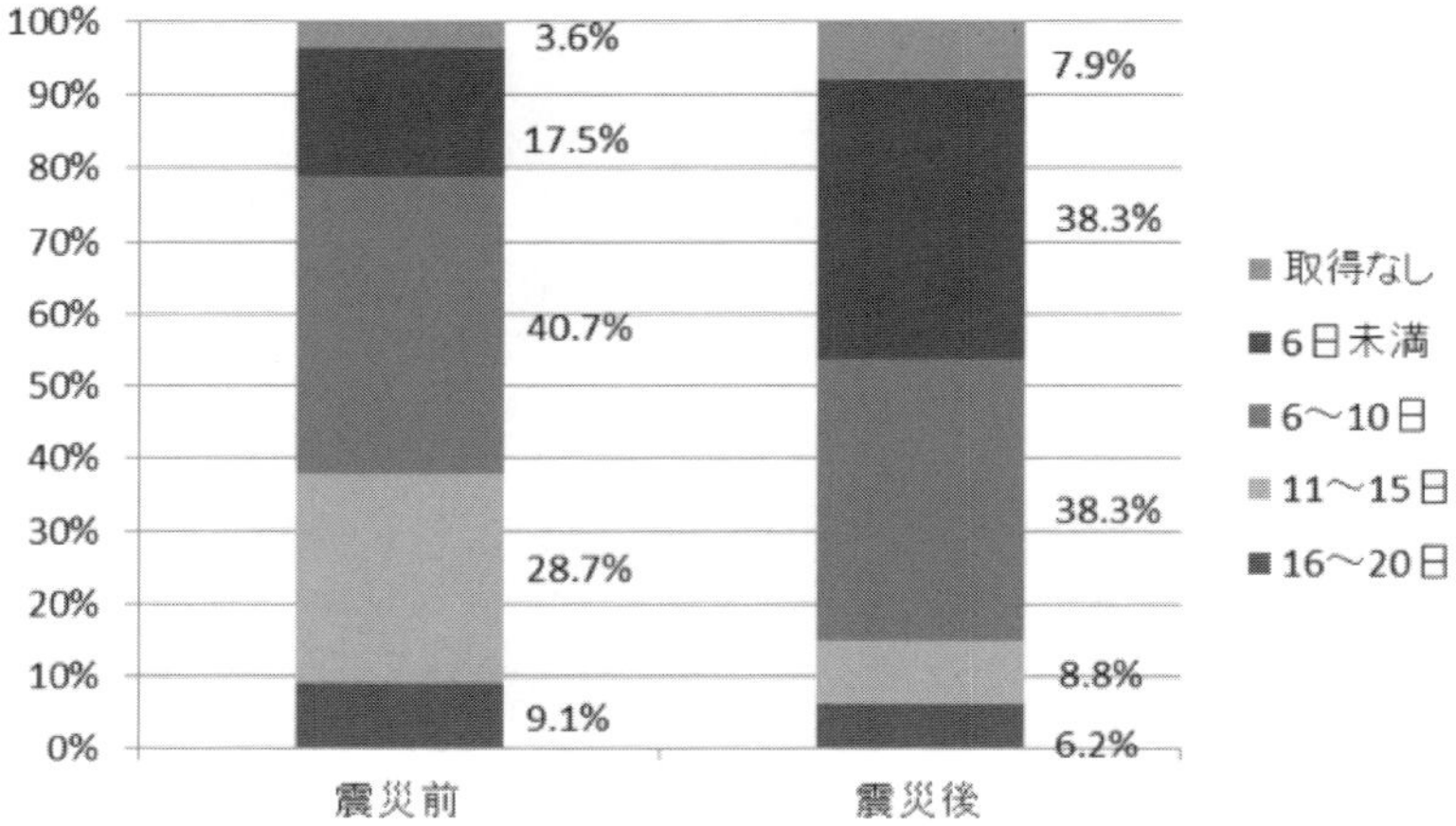

〔出所〕自治労福島県本部調査より筆者作成

図表 5-9　時間外勤務の変化

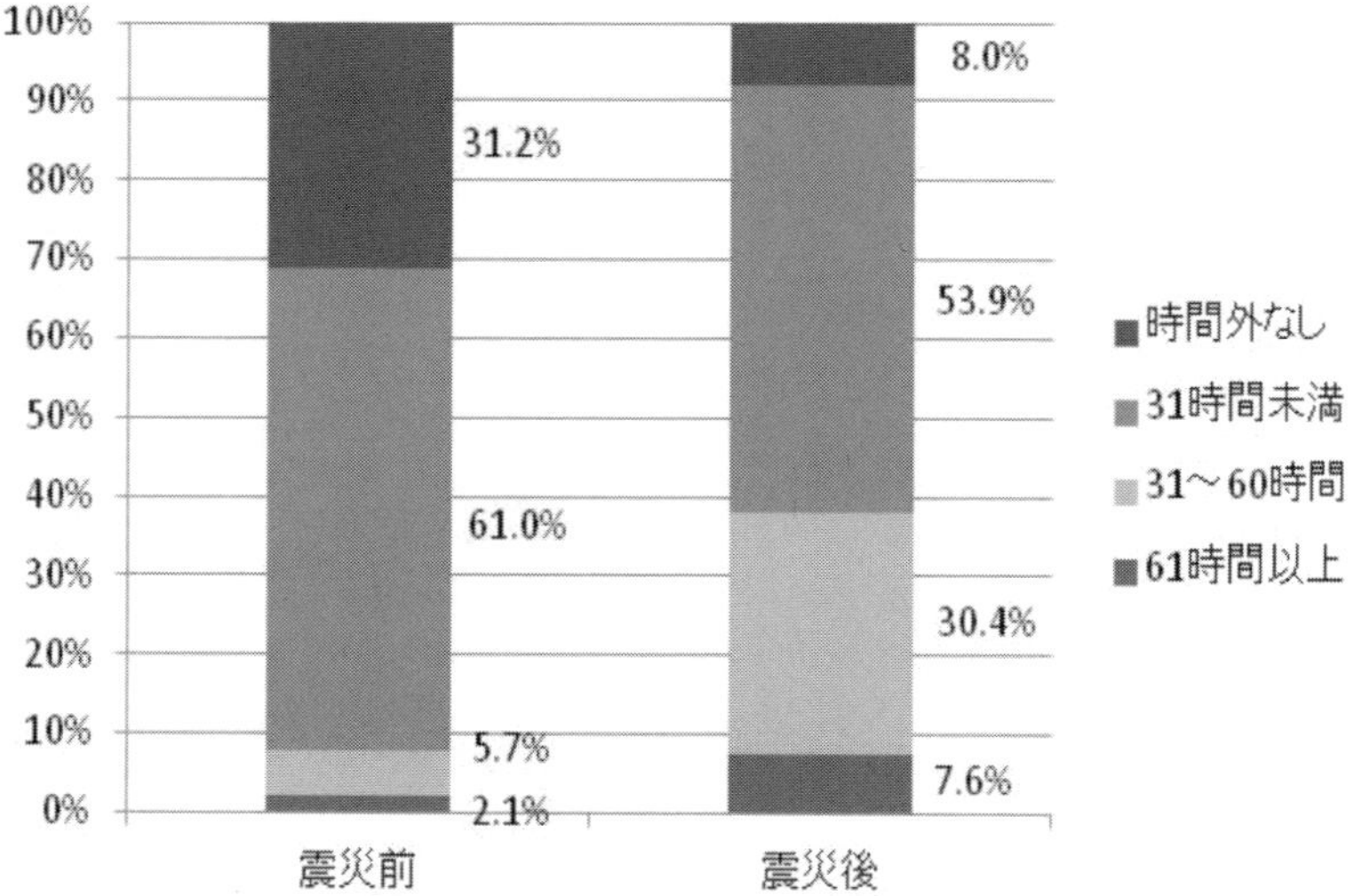

〔出所〕自治労福島県本部調査より筆者作成

■追いつめられる職員

その要因はこれまで述べてきたような環境変化にあることは疑いないが、その結果として、年休消化率が低下し、超過勤務時間が増えていることが調査からも明らかになっている（**図表5—8、5—9**）。このような傾向は調査対象のどの市町村にもあてはまっている。

しかしそれよりもさらに衝撃を与えたのは**図表5—10**の結果だった。これは調査対象職員にこれからの居住意向を聞いたものである。「家族がまとまって震災前の場所に居住」というのが最多数になっているが、それでも42・1％と半数に満たない。「判断不可」を除くと、次に多いのは「家族がまとまって他自治体で居住」となり、22・1％を占める。これに「自分のみ震災前の場所に居住し家族は他自治体に居住」の8・0％を加えると3割になる。

この調査対象には南相馬市のように過半の地域が最初から避難指示の出ていない自治体が含まれている。そこで南相馬市を除いて分析するとこの数字は大きく変化する。「家族がまとまって震災前の場所に居住」は18・6％と半減以下になり、「家族がまとまって他自治体で居住」は32・3％と増加する。これに「自分のみ震災前の場所に居住し家族は他自治体に居住」10・6％を加えると、

図表 5-10　これからの居住意向

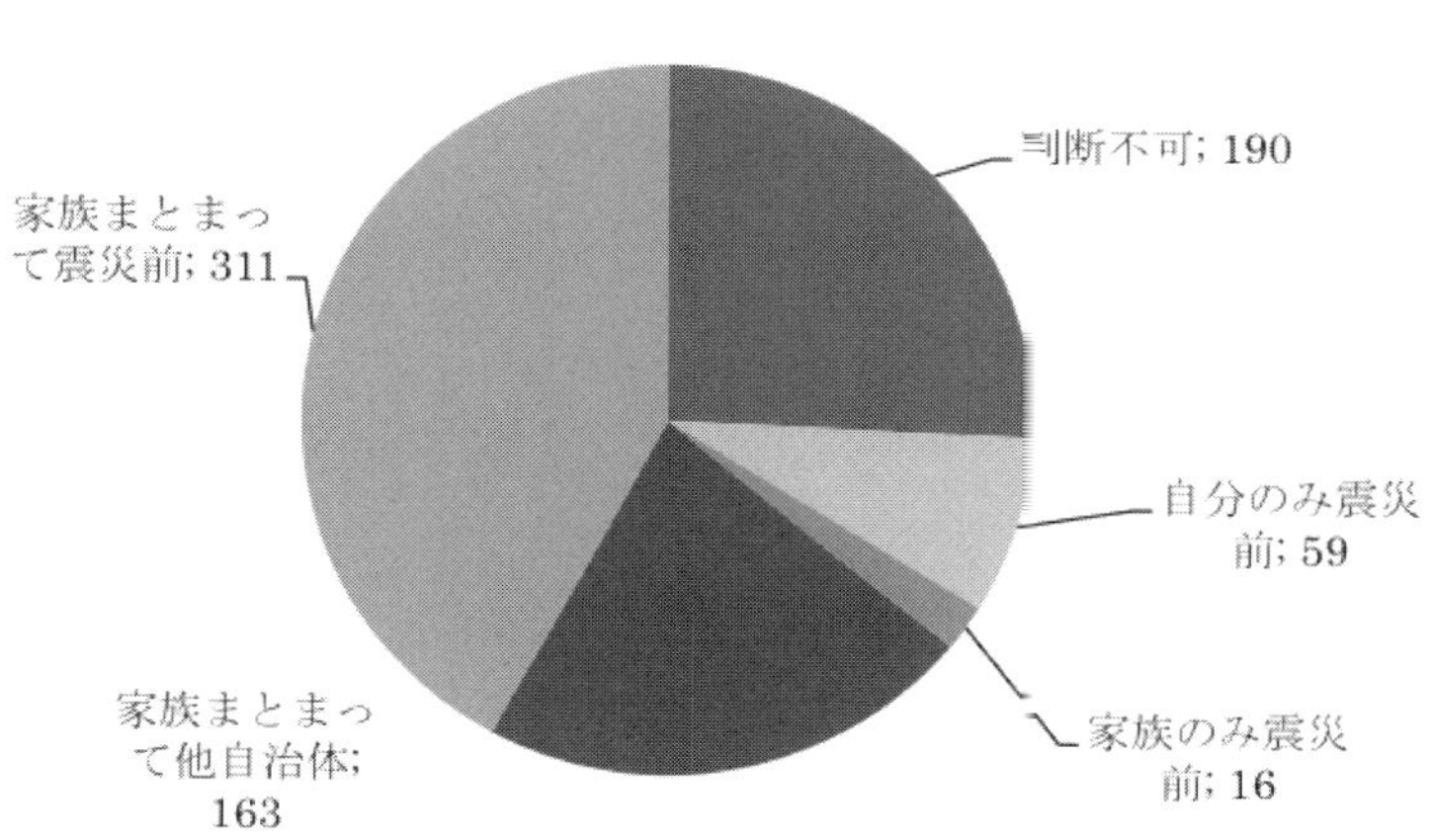

〔出所〕自治労福島県本部調査より筆者作成

「判断不可」を加味しても4割を超す。

原発立地4町（富岡町、楢葉町、大熊町、双葉町）に限るとこの傾向はさらに強くなる。「家族がまとまって震災前の場所に居住」はわずか9・4％となり、「家族がまとまって他自治体で居住」は35・4％とさらに増加する。これに「自分のみ震災前の場所に居住し家族は他自治体に居住」11・2％を加えると、「判断不可」を加味しても半数に近づく。

このことは何を意味するのか。国の進める「復興加速化」がいかに非現実的な政策であるのかを示しているのみならず、「復興加速化」が進めば進むほど被災者や避難者が疎外されネグレクトされていくことを示しているのではないか。「復興加速化」のもとに働かざるを得ない自治体職員でさえ、内心はこう思っているのであれば、一般の住民がさらに強く感じているのは当然のことだろう。

しかし、問題はそれだけにとどまらない。本書でも端々に明らかになっているように、自治体職員の仕事に対する倫理観は世間が考えている以上に強い。それが家族を置いてでも自分は原発被災地で働くという「突撃隊」精神にもつながっている。だがこれは正常なことなのか。これから避難指示が解除されるにつれ、住民の「手本」となるように職員とその家族が率先して帰還しようという圧力になっていくのは火を見るより明らかであり、現に一部の自治体からはそのような声も聞こえている。特に小さな子どもを抱えている職員は職場と家族との間で揺れ動いている。生命・身体にかかわる一生の選択を強いられているのである。

４　被災地自治体の職員と応援（退職・採用の推移、応援職員の構成等）

■3割から4割の職員が退職

このように増大する業務量に比して、職員数が増えているわけではない。むしろ職員自身が被災者であることや、過酷な業務の積み重ねによって、退職者数が平時と比較すると格段に増加している。**図表5―9**は福島県内の津波被災市町村と原発避難区域指定地域を含む市町村における震災以降の４年間、すなわち２０１１年度から２０１４年度までの採用者数と退職者数の推移である。この間に採用された職員は職員全体の20％を占めている。多いところでは35・２％にものぼっている。つまり震災後４年間で職員の3分の1が入れ替わったのである。

一方、この４年間の退職者数は２０１５年職員数との対比でみると約３割で、多いところで4割を超えている。この表には掲載していないが、２０１１年度の退職者数だけでも震災前の２０１０年度の退職者数と比較して約4倍になっている。言い換えれば、職員数の約１割が２０１１年度の１年間で退職したことになる。退職する職員の多くは一般に経験年数の長い職務に精通した職員であることを考えると、通常より速いスピードで職員の新陳代謝が起こり、職務の継承という側面から行政能力が低下するということが危惧される。しかも、震災対応によって量質ともに長期間の繁忙を抱えている状態では、第2章で言及されているように職場での新人教育に割く時間も失われている。

このことが象徴的に現れるのが、さまざまな局面での住民合意形成過程においてであろう。原発避難自治体では既に2割の職員が避難後に採用された職員で、元の地域での執務経験をもっていない。住民たちは全国に拡散して避難生活を続けているから、現在も仮役場に出入りする特定の住民を除いては、その地域に住んでいた住民の顔やその暮らしを役場の職員という立場から思い浮かべることはできない。職務上、関わりが出てくる住民も、ほとんどは電話やメールによって机上でつながっているだけである。「以前の職

図表 5-9　震災以降の自治体職員採用者数と退職者数

	2011 ～ 2014 年度採用者数	2014/4 職員数	2011 ～ 2014 年度採用者数÷2014/4 職員数	2011 ～ 2014 年度退職者数	2015/4 職員数	2011 ～ 2014 年度退職者数÷2015/4 職員数
いわき市	616	3561	17.3%	882	3505	25.2%
相馬市	60	302	19.9%	82	299	27.4%
田村市	73	481	15.2%	119	475	25.1%
南相馬市	274	824	33.3%	338	835	40.5%
伊達市	112	533	21.0%	169	532	31.8%
川俣町	37	127	29.1%	30	128	23.4%
広野町	17	77	22.1%	20	83	24.1%
楢葉町	27	113	23.9%	30	115	26.1%
富岡町	29	140	20.7%	42	144	29.2%
川内村	11	59	18.6%	12	61	19.7%
大熊町	38	118	32.2%	39	126	31.0%
双葉町	31	88	35.2%	38	89	42.7%
浪江町	39	161	24.2%	59	158	37.3%
葛尾村	8	37	21.6%	10	38	26.3%
新地町	22	112	19.6%	37	114	32.5%
飯舘村	12	66	18.2%	24	69	34.8%
合計	1406	6799	20.7%	1931	6771	28.5%

〔出所〕総務省ホームページにある各年「地方公務員給与の実態」から、津波被災市町村と原発避難区域指定地域を含む市町村を抜き出して、筆者作成。

場を知らない上に、仕事の中身も見えない。職場内でのコミュニケーションも取りにくいとなると、組織として成り立つのかどうか」という危惧も訴えられている（高橋栄二・高橋祐一・松下貴雄・今井照（２０１４）「見えない明日を生きる」『月刊自治研』通巻６５４号（２０１４年３月号））。

■応援職員体制の構築と課題

震災業務が肥大化した市町村行政組織にはさまざまな形で職員の増員策が取られている。その手法は、宮城県庁の伊藤哲也によれば**図表５―10**のように、まず派遣と採用に分かれ、さらに11通りに分類できる（伊藤哲也（２０１５）「自治体職員の不足と取組の現状」『地方自治職員研修』通巻６７２号（２０１５年３月号））。ただし、このほかに実態としては多数の臨時職員（アルバイト）が雇用されている。これを含めると12通りとなる。

図表 5-10　宮城県における震災対応職員充足状況

大分類	小分類	充足人数	概要
派遣	総務省	315	全国自治体の現職派遣。全国市長会・町村会を通じ被災自治体が要望を提示。
	復興庁	72	民間経験者等を復興庁が採用（非常勤職員）して市町村に常駐。
	独自調整	349	全国自治体との独自調整。友好都市関係、個別依頼など。任期付職員 104 人を含む。
	県庁	51	県庁の現職職員を派遣。
	県庁任期付職員	169	県庁が任期付職員を採用（代行採用）して派遣。別に県配属 211 人を採用。
	県内市町村職員	30	県内市町村が職員を派遣。
採用	正規職員	(22)	市町村による正規職員の採用。
	任期付職員	258	市町村による任期付職員の採用。
	再任用職員	(12)	市町村による職員の再任用。
	市町村 OB	38	全国市町村等職員ＯＢと被災地市町村のマッチングを行うスキーム（市町村の採用形式は任期付職員）。2013 年 5 月採用から総務省で制度化。
	民間	27	民間企業等職員の身分を保有して採用（在籍出向）。2013 年 3 月、総務省から技術的助言通知。

〔出所〕伊藤（2015）を一部改変。充足人数は 2015 年 1 月現在の数字で、() 内の数字は 2014 年 3 月までの実績。

このうち、最も早く、かつ有効に機能したのは派遣のうちの「独自調整」と分類されているもので、これは震災時までに重ねてきた交流実績を前提に、市町村間で応援職員を派遣するやり方である。たとえば友好都市や災害協定締結自治体との間では、即座に応援職員が派遣されている事例が目立つ。この場合のメリットは、それまでの実績によって、職員間の人的交流が進み、信頼関係が醸成されていることや、相互にある程度の土地勘があって災害支援の行動がしやすいことなどがあげられる。派遣職員のモチベーションもきわめて高い。また市民間の交流が盛んなところでは、ボランティアの派遣や支援物資の拠出、避難者の受け入れなどにもつながっている。デメリットとしては、それまで有効な交流実績のない市町村にはこの種の支援が来ない場合があり、被災地に対して網羅的な支援にはなりにくいことである。つまり平時の自治体の政治・行政の質が問われるということになる。

■求められる応援職員像

これに対して派遣のもうひとつの柱は小分類に「総務省」と名づけられているもので、全国市長会や全国町村会を通じて、被災地自治体が必要な職員とその数を要望し、総務省や都道府県庁を通じて、全国の市町村から派遣職員を募るものである。この特徴としては被災地自治体から満遍なく需要数が出されることで、網羅的な支援が可能になる。その一方で、職員を派遣する側の自治体にとってみれば、総務省や県庁から要請されて派遣するということになり、必ずしも自発的に職員を派遣するわけではないという側面がある。

そもそもこのような災害関連の職務やそのための派遣は個々の職員の了解なしには成り立たず、無理強いはできないが、一方では組織として一定数の職員を派遣しなければならないので、役所内の調整がむずかしくなる。結果的に需要数を満たす職員が供給できなかったり、派遣期間を細切れにして対応するなどの方策がとられたりすることになる。初動対応時には、数日間や１週間ごとの交替ということも少なくなかった。

図表５—11は２０１１年10月３日時点の南相馬市における応援職員派遣受け入れ状況である。杉並区などの友好都市をはじめ、全国から応援が来ていることがわかる。派遣元と派遣期間別の集計結果を見ると、40人のうち、長期間の派遣は13人であるが、そのうち東京電力が約半数を占めている。多くは２週間前後となっていて、特に地元の福島県庁の半数が１週間交代であることがわかる。

一人の職員の派遣期間を短くして、次々に職員が入れ替わるということは、派遣元の組織にとっては職員の負担感を低減させるものの、派遣先の組織に

図表 5-11　応援職員の状況（南相馬市・2011 年 10 月 3 日時点）

	１週間	２週間	３週間	１か月	6か月以下	1年以下	無期限	不明	合計
経済産業省							2	1	3
農林水産省				2					2
青森県庁		1							1
福島県庁	4						4		8
岡山県庁		2							2
名寄市		2							2
杉並区		3	1	2		1			7
所沢市			1						1
糸魚川市		2							2
小千谷市					1	1			2
南砺市					1				1
知多市					2				2
東京電力							7		7
合計	4	10	2	4	4	2	13	1	40

〔出所〕南相馬市資料より筆者作成

とっては業務スキルの蓄積がないので必ずしも歓迎されることではない。この場合に依頼できることはどうしても単純作業が中心になってしまい、応援職員のモチベーションも高まらないという悪循環に陥る。

■応援職員制度をどのように改善するべきか

２０１６年１０月１５日に石巻市役所で開催された宮城自治研の分科会では、災害時の自治体職員の応援に関する課題が取り上げられた。そこで出されたのは、派遣先における応援職員の孤立である。応援職員は即戦力として期待されるが、必ずしもそれまでに経験した業務を担当することにはならない。たとえ港湾事務経験者が港湾再建担当になったとしても、誰もが港湾建設の経験をもっているわけではない。あるいは、ケースワーカー経験者がケースワーカーに充てられたとしても、地域性や風土が異なればきめ細かな相談業務を行うことは難しい。しかし、周囲の職員もまた応援職員ばかりで、地元の職員がいなければ誰かに聞くということもできない。

逆に応援職員が一定の経験をもっていると地元自治体の仕事のしかたに対してもどかしさを感じることがある。たとえば、石巻市のように大規模な合併を経た自治体の場合[2]、旧町村ごとに置かれた総合支所との関係にひずみが生じており、その関係を修復しようとすると地元自治体（旧石巻市）からクレームがつくということもあったらしい。既に実施されている自治体もあるが、地元自治体の人事担当などが応援職員同士の交流の機会を設けることが必須であり、そこで出された意見などを業務改善に結びつけることも考えておかなければならない。

2　室崎益輝・幸田雅治編著（２０１３）『市町村合併による防災力空洞化』ミネルヴァ書房、参照。

個々の派遣元自治体の対応にも差があるが、一般に応援職員は月に1回程度、派遣元自治体に戻って帰庁報告をする機会が設けられることが多い。派遣先で孤立しがちな応援職員にとっては貴重な機会となっている。ところが派遣元自治体にその意識がなく、きちんとした面談さえしないと、応援職員は派遣元自治体からも疎外された感覚をもつ。派遣元自治体は応援職員の労働環境などにも配慮する必要があり、問題があれば派遣先自治体と協議して改善するように働きかけることも必要である。これだけ大災害が各地に続くと、どの自治体も応援を出す派遣元自治体になる可能性があり、そのことに備えて一定の制度を整えておく必要があるかもしれない。

人事の配置上、避けられないことではあるが、応援職員が災害対応の業務ではなく通常の役所業務に携わることもある。この場合の応援職員や派遣元自治体のモチベーションも難しい。派遣元自治体からは災害対応のノウハウを学んで来いと送り出されることもあるが、それが役所の通常業務に配置された場合、自分は何のために派遣されているのだろうかという自問に向かう。派遣元自治体でも応援に出しているくらいだから長時間の超勤は当然と考えていたのに、通常業務で超勤もないとなれば何のために応援に出しているのかという疑問につながる。緊急時だから無理して応援を出しているという意識が前提にあるのは当然だが、東日本大震災は既に5年半を経過し、緊急時が平時になりつつある。緊急時対応というタテマエだけで応援職員制度を維持するのには限界が生じ始めているのかもしれない。

現在の派遣制度に関する事務はきわめて煩雑になっている。たとえば派遣元自治体との協定は個別に締結しなければならず、またその職員の給与や超勤手当などの支払いも種々雑多になる。問題はこれらの業務が被災地自治体の人事担当に集中することである。派遣元自治体から直接国に対して費用の支弁を請求できるようにするなど、被災地自治体の負担を軽減するような制度運用の改善が求められる。

■任期付職員制度の活用と代行採用

今回の震災対応で初めて多用されたのは「任期付職員制度」であり、これを利用した「代行採用」という手法である。自治体における任期付職員制度は２００２年に創設された。その後の改正を経て、現在は3種類の制度がある。第一は専門的知識や経験を有する人を一時的に採用する場合、第二は一時的な業務について採用する場合、第三は一時的な業務について1日あたりの勤務時間を短くして採用する場合である。いずれも正規職員の任用や処遇を基本としている。

役場にはアルバイトと呼ばれる非正規雇用の臨時職員が多数雇用されているが、アルバイトは、たとえ正規職員と変わらない業務に就いていても賃金は安く、社会保険も十分ではない。また雇用期間切れによって、事実上の解雇を容易に行える[3]。したがって、労働者としての法的な保護も、あるいは公務員としての法的な身分規制も十分ではない。そこで任期付職員制度が創設されたのだが、雇用側、すなわち役場側にとってはアルバイトのほうが使い勝手がよかったので、現実にはこの制度はこれまでほとんど活用されてこなかった。市町村によっては、任期付職員制度の条例化さえしてこなかったところもあった。それが震災時の職員確保で任期付職員制度が一気に広まった。

さらに今回の震災で初めて登場したのが、この任期付職員制度を活用した代行採用と

3　上林陽治（２０１５）『非正規公務員の現在』日本評論社。

いう手法である。これは自治体間の全国的な連携を表すものとして高く評価されてよい。代行採用とは被災地と離れた地域の自治体などが、震災対応のために任期付職員を採用し、その職員を被災地自治体に派遣するというものである。最初に行ったのは東京都庁で、２０１２年９月から1年間、土木職と建築職を被災地自治体に派遣している。同じような取り組みは、千葉県庁、兵庫県庁、岡山市役所などで行われている。

メリットとしては全国広域で人材発掘が行われることや被災地自治体の職員採用や人事管理などの業務の負担軽減などがあげられる。デメリットとしては、基本的には採用元自治体の処遇が基準となるため、被災地で同じ仕事をしていても給料や手当が異なる場合もあることである。ただし、これらの任期付職員制度や代行採用も、震災から時間を置くにつれて、一種の熱気が冷め、募集定員が埋まらなくなってきた。

■制度の不備と脱法的解釈

制度の不備も露呈した。たとえば、民間企業の職員が被災地自治体の支援に入る場合、自治体側にはそれを受け入れる制度が存在していなかった（在籍出向）。確かに市民の目から見れば、市町村の役場の中で民間企業職員が仕事をしていると何らかの疑念をもたれやすい。一方、国の府省においては官民人事交流法が２０００年3月に施行されていて、国家公務員が民間企業に派遣されて働いたり、民間企業職員が国の府省に派遣されて働いたりすることが制度化されている。これは民間と国との相互理解を深め、双方の組織の活性化と人材育成を図ることが目的とされている。こちらも癒着や天下りといった疑念をもたれやすいが、人事院（その後、内閣官房に置かれた内閣人事局が所管）が介在することである程度の透明性や公開性を確保できるとされている。

また現実に市町村の役場の中に民間企業職員が働いている事例は多数存在する。たとえばシステム・エンジニアが民間企業から派遣されて自治体のコンピュータやシステムを日常的に管理していることは多々ある。窓口業務や案内業務を委託しているところでは、住民と直接接触するところにも民間企業職員が存在する。特に震災対応の場合には、民間企業の社会的貢献として職員を派遣するということはありうるし、その知識や経験を生かすこともできる。

しかし少なくとも現時点ではそのような制度がないため、実際に運用されているのは、一旦、民間企業から復興庁に派遣され（官民人事交流法）、その後、復興庁から国家公務員として自治体の役場に常駐させるという手法である。これが復興庁派遣ということになる。ただしこの場合にも民間企業に在籍しながら市町村職員の身分を保有することができないので、形式的にはたまたま市町村の役場に机を置いて、復興庁が命じる市町村支援の仕事をしているということになり、市町村役場の組織の命令系統には属さない。いわば、復興庁公認の偽装請負のようなものである。

そこで総務省は２０１３年３月１日になって技術的助言としての通知を自治体に出し、民間企業職員の在籍出向を自治体が受け入れることができるという解釈を伝えた（総務省自治行政局公務員部公務員課長発の総行公第20号「東日本大震災に係る人的支援に関する留意事項等について」）。任期付職員として採用するのであれば、地方公務員法第38条の営利企業従事の許可を与えることで可能であり、また地方公務員法第３条第３項第３号の特別職としても任用可能という見解である。しかしいずれも本来の法の主旨から考えると、かなり強引な解釈であり、脱法性は免れない。この解釈が独り歩きするリスクを避けるために、保護と規制をきちんと定めた法律の制定が求められる。

以上のように考えると、あくまでも応援職員制度は緊急時の一時的な対応に過ぎないということがよくわかる。市町村が正規職員の増員に慎重なのは、将来的に財政圧迫要因となるからであるが、原発災害と震災復興はおそらく現在採用する職員が退職するまで続くほど長期化するに違いない。原発被災地自治体については地方交付税算定上の職員数を上乗せし、きちんと財政上の担保をつけて正規職員を増員するべきではないか。

5　被災地自治体の復興計画と今後

■復興ビジョン・計画

原発避難自治体は、避難誘導から避難所設営・運営（二次避難所への移動）、仮設住宅計画・建設（みなし仮設業務）という緊急期の膨大な業務に一定の目処がついた２０１１年秋くらいから復興ビジョンや復興計画など各種の計画づくりに迫られる（**図表5―12**）。これはそれまで抱えてきた総合計画が大災害によって無効化したということはもちろんのこと、国が用意した復興予算を申請し獲得するために必須となったためでもある。

東日本大震災の復興予算全体の策定過程を整理すると、まず２０１１年7月29日、復興庁の前身組織である東日本大震災復興対策本部の第４回会議において「東日本大震災からの復興の基本方針」が決定された。そこには、「平成27年度末までの5年間の『集中復興期間』に実施すると見込まれる施策・事業（平成23年度第1次補正予算等及び第2次補正予算を含む）の事業規模については、国・地方（公費分）合わせて、少なくとも19兆円程度と見込まれる。また、10年間の復旧・復興対策の規模（国・地方の公費分）については、少なくとも23兆円程度と見込まれる」と書かれている。見積もりの精度や金額の多寡を棚に上げれば、復興に向けた財政規模を示すこと自体は大切で重要なことであ

図表 5-12　双葉郡町村の復興計画一覧

	広野町	楢葉町	富岡町	川内村	大熊町	双葉町	浪江町	葛尾村
2011 年 6 月				復興ビジョン				
2011 年 9 月	緊急時避難準備区域復旧計画				復興構想			
2011 年 10 月								
2012 年 1 月		復興ビジョン	復興ビジョン					復興ビジョン
2012 年 3 月	復興計画（第一次）							
2012 年 4 月		復興計画（第一次）					復興ビジョン	
2012 年 9 月					復興計画（第一次）			
2012 年 10 月			復興計画（第一次）				復興計画（第一次）	
2012 年 11 月	復興整備計画（第一回）							
2012 年 12 月								復興計画（第一次）
2013 年 3 月				復興計画				
2013 年 5 月		復興計画（第二次）						
2013 年 6 月						復興まちづくり計画（第一次）		
2013 年 12 月		復興整備計画（第一回）						
2014 年 3 月	復興計画（第二次）							
2014 年 4 月							復興まちづくり計画	
2014 年 6 月								復興まちづくり事業化計画
2014 年 8 月				復興整備計画（第一回）				
2014 年 10 月					復興整備計画（第一回）			
2015 年 3 月					復興計画（第二次）	復興まちづくり長期ビジョン		
2015 年 7 月			復興計画（第二次）					
2015 年 8 月			復興整備計画（第一回）					

〔出所〕各町村と福島県のホームページから筆者作成

る。だが、5年間で19兆円という見積りに対して、実際に措置された予算は**図表5—13**のようになっている。

ここで重要なのは、2012年度当初予算の段階で、既に累計20兆円以上が計上され、災害対策本部が当初5年間に想定していた19兆円をわずか1年余りで越えていることである（この後、中間貯蔵施設など一部の原発対応が東電ではなく国の事業に振り替えられ、さらに全般的に「予算が足りない」という「声」に応えて、2015年度当初予算段階では重複分を除いて27・5兆円に膨らんでいる）。そうなると、被災地自治体は当初想定の復興予算枠を越えてしまった2012年度当初までに予算を獲得できない事業は将来的にも予算がつかないという認識に傾く。そこで、住民合意もそこそこにハード中心の復興事業に参入しなければならなくなった。むしろ国土交通省や経済産業省などが被災地自治体の復興計画策定に関与しながら、このような過剰な公共事業に自治体を誘導したと言ってもいいかもしれない。

第1章で触れられているように、こうした事情は津波・地震の被災地域ばかりではなく、原発過酷事故の被災地自治体にまで及ぶ。まだ事故の全容もつかめず、また住民がこれか

図表 5-13　東日本大震災復興関連予算の推移

（単位億円）

2011 年度	1 次補正	40,513
	2 次補正	19,988
	3 次補正	92,438
2012 年度	当初	37,754
	補正	11,953
2013 年度	当初	43,840
	補正	9,184
2014 年度	当初	36,464
	補正	4,736
2015 年度	当初	39,087
参考	合計	335,957

〔出所〕参議院予算委員会調査室（2015）「平成 27 年度予算の概要」『経済のプリズム』通巻 137 号（2015 年 3 月）、から筆者作成。2011 年度は一般会計で措置され、2012 年度以降は特別会計に整理された。単純合計では 34 兆円弱になるが、実際には年度間での重複等があり合計で 27.5 兆円と言われる。

らどのような生活をおくらなければならないのかという判断に重要な賠償の問題なども整理できていないうちに、原発避難自治体でさえも「復興」計画づくりに追い込められたのである。

通常、総合計画は市民参加を重ねながら2年程度を費やして策定されるが、このときに策定された各種の復興計画づくりにはそのような時間的余裕もなく、もちろん広範な市民参加もみられなかった。結果的に当事者である市民の意向や感情とかけ離れたハード中心の復興計画づくりが進み、帰りたくても帰れない「復興」に膨大な予算が投入されている。津波・地震災害からの復興と原発過酷事故からの復興を同一に扱っている法律や国の政策のシステムがこうした悲喜劇をもたらしたのである。

■復旧こそ復興の原点

震災直後から政府は「単なる復旧ではなく創造的復興を」というスローガンを掲げた。その後も「東北の復興なくして日本の再生なし」という主旨の発言が、しばしば国政の政治家の口から語られる。しかし、被災者の最大の希望は震災前の生活に戻ることである。それ以上でもそれ以下でもない。確かに震災前の生活に戻ることは簡単ではない。しかしこれこそが何度でも確認すべき復興の原点なのである。被災者の視点からみれば、「創造的復興」とか「日本のための復興」という姿勢は東京目線の「余計なお世話」のようにみえる。「よそ者がこの機に乗じて」という気にさせる。

被災者と為政者とのこのズレが5年余りにわたって続いてきた。確かにこのままいけば「まち」という空間の「復興」は実現するかもしれないが、被災者の多くは戻らない。

なぜなら被災者の多くにとって**「私たちの復興」**[4]ではないからである。津波被災地では家を再建することを禁じられる災害危険区域が過剰に設定され（1万3147ヘクタール。実に山手線内の面積の2倍以上）、その外側に高さ10メートル程度の巨大防潮堤が二重にはりめぐらされることで海と陸とが隔てられ、被災者は市街地から遠く離れた、まるで都市郊外団地のような高台に移転させられるという「計画」に莫大な資金が投入されている[5]。結果的にほとんどの人が戻れない町が作られている。原発被災地でも事情は変わらない。

■災害は行政区画を越えていく

東日本大震災には大きく分けて、地震・津波の自然災害と福島第一原発の過酷事故による原発災害との2種類の災害が複合的に存在している。法制度からみてもこの二種類の災害は峻別されている。性格が異なるから当然である。言うまでもないことだが、もっとも大きな違いは、原発災害は人為的災害という事故であり、原因者が存在する点にある。したがって、被害を受けた人たちに対する支援の根拠規定も自然災害と原発災害とでは異なる。自然災害については災害対策基本法があり、原子力災害については原子力災害対策特別措置法がある。

しかしこの2種類の災害は地図上で区分されているわけではない。原発災害といえば福島県と思われるかもしれないが、福島県にも地震・津波の自然災害による犠牲者や地域に残る爪痕は大きいし、逆に宮城県や関東地方でも放射性物質の拡散やその集約など原発災害の影響が出ている。空も海も山も県境を越えて連なっているのである。むしろ

4　山下祐介（2015）「東日本大震災復興の道すじ～被災者の思いと自治体行政の課題」『地方自治職員研修』2015年3月号。

5　金菱清（2016）『震災学入門—死生観からの社会構想』筑摩書房。

原発災害を福島県という区画に押しとどめようとすると対処を間違えることになる。

たとえば郡山市やいわき市など、福島県内の都市に新しい住宅を取得して生活を建て直すという例が多くある。一般の災害であれば、こうした移住は生活再建の第一歩と考えられなくもないが、原発災害においては必ずしもそうとは言えない。なぜならそのほとんどの人たちは戻りたいのであるが、現実に戻れないから戻らないという境遇に追い込まれているからである。その証拠に、いまだに９割を超える圧倒的多数の強制避難者の人たちが住民票を元の町に残している。私たちの**調査**[6]では、避難先に家を取得して移住を決断した人たちでさえも、約半数は将来にわたって住民票を移すつもりはないと答えている。そういう意味では、避難者数の減少は決して復興の指標ではない。むしろ元の生活に戻るという被災者にとっての本来の復興が進んでいないということを示す可能性もある。

■戻りたいのに戻れない（戻らない）

政府は２０１５年６月12日、「原子力災害からの福島復興の加速に向けて（福島復興指針）」の改訂を閣議決定している。ここでは主として、２０１７年３月までに避難指示を解除（帰還困難区域を除く）し、精神的賠償は２０１７年３月で打ち切り、２０１６年度で事業・生業の再建、事業者の再建を図る（賠償を打ち切る）、ということが決められた。

２０１５年９月、自治体全域としては初めて、楢葉町の避難指示が解除された。楢葉町が公表しているデータによれば、避難指示解除から１年後の２０１６年９月２日現在、住民基本台帳人口７３４０人のうち、楢葉町に戻ってきているのは６８１人、わずか９・

6　今井照（２０１６）「原発災害避難者の実態調査（５次）」『自治総研』２０１６年４月号。

2%にすぎない。なぜ避難指示が解除されたのに、ほとんどの人たちが戻らないのか。一般的に考えると、避難指示が解除されたということは空間放射線量の値も低くなり、国や自治体が安全に暮らせると判断したということだから、「戻らないのは避難者の自助努力が足りないのではないのか（甘えているのではないか）」「戻らないこと自体が風評被害を招くのではないか」という声が出てもおかしくはないし、現に環境大臣をはじめ、似たような言説を繰り返す人たちが県内外に存在する。

そこで私たちは何回かの調査や聞き取りで、なぜ避難指示が解除されても戻らないのかを探ってみた。その結果、大きくいって3点の理由があることがわかった。第一はそもそも戻ろうにも住宅の補修が終わっていない。2014年末の調査になるが、楢葉町と復興庁の全世帯調査によれば、住宅について「修繕不要」4・1%、「修繕済」7・2%となっていて、再び住むためには住宅の修繕などが必要な世帯が残りの9割弱を占める。2015年の私たちの調査でも8割程度の住宅が現に住める状態にはない。5年も経つと、地震の時に生じたわずかな歪みから水が入って天井や床が抜けるところまで劣化する住宅もある。シロアリ等の虫やネズミ等の動物による被害も多い。家屋を解体するとその瓦礫が汚染物質として取り扱われるため、家屋の解体作業は環境省の直轄事業になっているが、その順番がなかなか回ってこない。あるいは補修や新築をしようにも、警戒区域内で作業する職人等が決定的に不足している、などの事情がある。もちろん住宅補修に必要な賠償は十分に出ていない。

■除染というフィクション

第二の理由は一般に多くの人たちが想像できるように、放射能汚染に対する不安である。大量の資金を投入して実施されている除染は点と線においては効果もあるが、地域全体を除染することは事実上不可能である。汚染が蓄積されやすい山林や山際を除染しようとすれば、地形を変えてしまうくらいの覚悟が必要であり、またそれだけ大量の除染土砂等が発生することになるが一時的に保管しておく場所すらない。

特にダムで堰き止められた水源池やため池、河川、海岸などの底には放射性物質が溜まりやすいものの、これらの除染には手が付けられていないし、今後も予定はない。放射性物質は水底で安定すると言われていて、万一の場合には水道の供給も止められるか、あるいは汚染水の海への流出についても原発沿岸の海底に沈殿してシャットダウンされているなどと説明されるが、地域で生活する当事者としてみれば紙一重の安全策であって、あえてこういう地域環境に飛び込む必然性は少ない。

もちろん小さな子どもは放射能物質に対して大人よりセンシティブであることは立証されているので、このレベルでは大丈夫といくら説明されても、あえて連れて帰るまでもない。そもそも超党派で成立した子ども・被災者支援法では「当該放射性物質による放射線が人の健康に及ぼす危険について科学的に十分に解明されていないこと」（第一条）が前提となっていて、この認識こそが国政の基本的姿勢であるはずである。もちろん、医療、介護、買い物等の生活環境が整っていないということも理由のひとつである。

■依然として災害は継続中

しかし第三の理由はあまり社会的には認知されていないのではないか。私たちの調査で、原発状況に対する危機意識を聞いたところ、「まだ危険な状態にある」40・4％、「安心できる状況にはない」55・6％と、合わせて9割以上の避難者が、依然として福島第一原発は危険な状態にあると考えている。仮に空間放射線量の値が低くなり、それが「安全」と考えたとしても、再び似たような災禍が起こる可能性を強く感じているのである。現に政府も福島第二原発に関する緊急事態宣言は解除しているが、福島第一原発の非常事態宣言は依然として解除していない。現場に行けば即死するくらいの環境が現存しているのだから当然ともいえる。

このことは東京をはじめとした原発被災地以外の人たちの感覚と大きくずれている。地震や津波とは別の意味で原発過酷事故に伴う避難は過酷である。放射能という五感では感じられない「なにもの」かに対する恐怖や不安におののきながら、着の身着のままであちらこちらを彷徨った避難体験は骨身にしみている。また同じような避難をすることになりはしないかと多くの人が考えている。

いまでもしばしば起きている余震や、あるいは台風による強風や豪雨などがあると避難先でさえも不安がよぎる。２０１６年8月には観測史上初めて東北地方に台風が上陸し、当初予想では福島第一原発立地地域がそのコースにあたっていたため緊張が高まった。もちろん、原発敷地内で原発安定化のために文字通り命がけで取り組んでいる作業員の人たちに対し、ほとんどの人は敬意と感謝の気持ちをもっているが、しかしあえてその地に近づくことは考えられない。思わぬ事故によって何かの拍子に再び放射性物質が大量に拡散する事態が起こりはしないかと心配している。現に汚染水の発生すら止めることができない。そもそも絶対安全と言われていた原発が事故を起こしたのである。

おそらくこうした現に存在する原発への感覚が社会と共有できていないのではないか。

■「住民」を見失う自治体

その一方で、原発被災地も津波被災地と同じように「私たちの復興」ではない復興が「加速化」されている。今のままでは「復興」が進めば進むほど、元の町とは別の町ができあがり、ますます住民は戻りにくくなる。どうしてこういうことが起きてしまうのか。観察するところ、自治体や県庁は「住民」を見失っているのではないかという気がする。当然のことながら自治体の主体は住民である。その住民たちが第一に望むことは前述のように、震災前の暮らしが継続してできることにほかならない。ところが、被災地の自治体や県庁は全国に散らばって避難している「住民」が見えにくくなっているので、目の前に降りかかってくる予算消化に走ってしまう。

特に福島県庁のスタンスが厳しく問われている。政府に設置された東日本大震災復興構想会議の委員でもあった**河田惠昭**[7]は次のように書いている。

「国さえ認めれば事業化できるという判断で、初めからおかしな事業、金太郎飴のような同じような事業が目立った。人材不足もあって、被災県の独自の構想はほとんど認められなかった。特に福島県はひどく、官邸での会議の主張は、国にできるだけ多くの事業を認めてもらえさえすればよいというような態度が目立った」

どうやら福島県庁はどうやって国からお金を引き出すか、どうやって施設を誘致するかという、かつての原発誘致と変わらない外部依存型開発行政に傾いているようである。このことが県内市町村の復興計画に反映しないわけがない。その一方で、福島県

7　河田惠昭（2016）「巨大災害としての東日本大震災」関西大学社会安全学部編『東日本大震災復興5年目の検証』ミネルヴァ書房。

庁の**「自主」避難者**[8]への対応にみられるように、どうやって「避難」を断ち切るか（「住民」ではない存在にしてしまうか）という姿勢も垣間見られる。その結果、いつのまにか住民が自分たちの復興と感じることのできない全く別のまちを作ろうとする復興の「加速化」が進んでいるというのが現状ではないか。

いま必要なのは**凍結型（空間管理型）復興**[9]である。まずは住民を再定義することから始まる。そのまちの「住民」とは誰なのかを再度考え直さなくてはならない。もともと原発災害は自然災害と違って時間軸と空間軸が桁違いに長く広い。10年、20年、100年単位で避難を続ける住民もいるかもしれない。しかし多くの住民たちは戻れるものなら戻りたいと考えている。仮にその場に住んでいない住民でも1週間に1回、1か月に1回というように通いながらまちの復興に関わることができるし、現にそうしている人たちも少なくない。

たとえ避難指示が解除されすぐには戻らない住民が多いとしても、住民であることを断ち切って「勝手に避難している人」にしてはならない。原発災害では避難指示の解除が直ちに避難の打ち切りではない。そういう意味で自然災害とは別の対処がいまこそ必要である。

■被災地自治体職員のこれから

本書に掲載されているように、世界史に残るような緊急事態に直面し、市町村とその職員のほとんどは住民の生命と安全を守るために、文字通り心身を賭して奮闘した。近くでそのようすを見ていて、私は言葉に尽くせないほどの感動を覚えた。もちろん住民

8　吉田千亜（2016）『ルポ母子避難―消されゆく原発事故被害者』岩波書店。日野行介（2016）『原発棄民―フクシマ5年後の真実』毎日新聞出版。

9　金井利之・今井照（2016近刊）『原発被災地の復興シナリオ・プランニング』公人の友社。

からの批判は多数存在するし、批判されてしかたがない部分もある。しかし大局的にみれば、こうした職員こそが国や県庁から見捨てられた地域と住民を救い出したのである。第1章で菅野さんが控えめに「公務員って役に立つね」と言っているように、世間的には常に袋叩きにあって、ふだんはろくでもないと思われているかもしれない自治体職員が、この緊急期に大活躍をしたことは間違いない。

　確かに自治体職員は社会的には必ずしもきちんと評価されているわけではない。もちろんそれにも理由がある。何をやるにしてもルーズで、そのくせ理屈っぽいというふうに見えるかもしれない。さらに国や県庁との関係において自治体職員は相当に厳しい環境に置かれている。「地方分権」という名のもとに国や県庁の自治体統制がますます強

写真5-7　事故前の 2007 年 1 月、ゼミで福島第一原発を見学したとき、帰りがけに見かけた地元企業の看板（原発敷地内は撮影禁止だった）

化されてきたために、過去から比較すると余分なことを口にはできないという役場の空気が強まっている。役場内部での管理統制も全国的に厳しくなってきているのである。

このような状況だからこそ、市民の役割としては平時から自治体職員を応援し鍛えておくことが必要なのではないか。自治体職員が閉じこもりがちな役所内部の論理に対し、繰り返し「それではいけない」と言い続けていく必要がある。自治体職員が拠って立つのは市民生活と地域社会以外の何物でもない。法律、政策、制度はそのために活用されるものであり、その逆ではない。日々、市民が職員を鍛えておけば、いざというときに市民は守られるのである。小規模自治体だからこそそれが可能になる。これが原発被災地自治体の教訓である。

おわりに

2011年6月10日、東日本大震災以降はじめて、自治体政策研究会が開催された。テーマは、「東日本大震災に関して―私たちは何を経験しているのか―」。開催通知のメールを見たとき、無性に参加したくなった。しかし、大震災から3か月経つこの時期、原発事故の状況は依然厳しく災害対応の最中だったので躊躇ったが、職場には何かあったら直ぐに連絡するよう頼んで、夕方福島市に向かった。全く人気のない飯舘村を車で走りながら、震災以降、これまでにあったさまざまな事柄を思い返していた。また、研究会のメンバーは、この3か月どう過ごしたのだろうとあれこれ考えて、会場に入った。

この日の参加者は23人で、予想以上に多かった。研究会の事務局をしている佐藤敏明さんをはじめ、大学院で一緒に学んだ人や元三春町長の伊藤寛さんなどが集まり、研究会が始まるまでお互いの再会を喜び、被災状況について尋ね合った。研究会では、参加者が一人ずつ発災時の状況や災害業務について、報告をした。何より参加者は、その家族も含めて無事であったこと、そして役場職員がそれぞれの状況に中で、奮闘していることに勇気づけられた。ゆるやかにやってきた研究会は、仕事に悩んだり学びたいと思う時に、心強い止まり木のような存在なのではなかったかと思う。研究会が終わると、私はまた飯舘村をとおり帰路を急いた。真っ暗で車も通らない道は心細かったが、行きとは違うちょっと軽くなった自分を感じながら、日常化した災害業務の日々に再び戻った。

大震災及び原発事故に自治体がどう対応したかということは、これまでにも各種の報道やレポートがある。しかし、役場の職員がどんな経験をし、どのように対応をしたのかについての記録はあまり見たことがない。大震災及び原発事故では、役場職員が多くの役割を果たした。被災地の状況は一様ではなく、その対応も複雑だった。役場職員は、未だ経験のない事態に苦悩しながらも、住民と向き合い、現場で多くの判断をし、行動を続けてきた。役場職員一人ひとりに壮大なストーリーがある。このストーリーを、大震災と原発事故対応を経験しない後輩に少しでも残したいという想いが、数年前からあった。また、他の役場職員は、大震災及び原発事故にどのように立ち向かったのかを知りたかった。

研究会のメンバーである国見町役場の安藤充輝さんや会津美里町役場の渡部朋宏さんと相談をし、長年研究会を牽引してきた今井照さん（福島大学）とともに私たち役場職員の記録を出そうということになった。

今、本書を読み通すと、どの自治体の現場も壮絶である。ひたすら目の前の住民対応に追われる役場職員がいた。他の役場の状況に自分の職場を重ね合わせることも多かった。一方、他の役場のようにすればよかったと学ぶこともあった。福島の役場職員が、歴史的な大災害にどう向き合い立ち向かったかの記録を編んだことは、役場職員を考えるうえで意義があったと自負する。

改めて、１９９９年4月に福島大学に着任以降、役場職員の心強い相談相手になっていただき指導をしていただいた今井照さんには、この場をかりて感謝申し上げたい。また、公人の友社の武内英晴さんには、本書の出版に尽力いただき御礼を申し上げたい。

最後に、福島の役場職員を支え応援してくださった自治体関係者をはじめ全国の皆さま、ありがとうございました。

２０１６年11月

庄子まゆみ（南相馬市）

【執筆者紹介】

今井　照（はじめに、第５章）
福島大学行政政策学類教授。大田区役所などを経て 1999 年から現職。

菅野 利行（第１章）
富岡町役場産業課長。震災当時は総務課課長補佐。

庄子 まゆみ（第２章、おわりに）
南相馬市立中央図書館長。震災当時は南相馬市役所市民課長。福島大学大学院地域政策科学研究科修了。

渡部 朋宏（第３章）
会津美里町役場総務課総務係長（法政大学大学院公共政策研究科博士後期課程在籍中）。 震災当時は会津美里町総合政策課主任主査。福島大学大学院地域政策科学研究科修了。

安藤 充輝（第４章）
国見町役場総務課課長補佐兼庶務係長。震災当時は企画情報課主任主査兼企画情報係長。福島大学大学院地域政策科学研究科修了。

＊本書に掲載されている写真は、執筆者自ら撮影したもののほか、関係自治体（第１章富岡町役場、第２章南相馬市役所、第３章会津美里町役場・楢葉町役場、第４章国見町役場）から提供を受けたものです。改めてお礼を申し上げます。ありがとうございました。

福島インサイドストーリー
役場職員が見た原発避難と震災復興

2016 年 11 月 22 日　初版発行

編著者　今井　照・自治体政策研究会
発行人　武内英晴
発行所　公人の友社
〒 112-0002　東京都文京区小石川５－２６－８
ＴＥＬ ０３－３８１１－５７０１
ＦＡＸ ０３－３８１１－５７９５
Ｅメール info@koujinnotomo.com
http://koujinnotomo.com/

978-4-87555-690-9